Anonymous

Das Recht der Kirche in der Speyerer Seminarfrage

Anonymous

Das Recht der Kirche in der Speyerer Seminarfrage

ISBN/EAN: 9783744621533

Hergestellt in Europa, USA, Kanada, Australien, Japan

Cover: Foto ©Lupo / pixelio.de

Weitere Bücher finden Sie auf **www.hansebooks.com**

Das Recht der Kirche

in der

Speyerer Seminarfrage.

„Die Dinge sind so sehr bis zum Äußer-
sten gekommen, daß die Vereinigung aller Gut-
gesinnten nöthig ist, um sie aus dem schlimmen
Zustand, in den sie gerathen sind, wieder her-
auszuziehen. Das Wohl des Staates verlangt,
daß man sich alles Parteigeistes, aller Anti-
pathie, aller Vorliebe für die eine oder andere
Sache Angesichts der friedlichen Lösung der
religiösen Angelegenheiten entschlage.“

Balmes, Ueber die Nothwendigkeit
des spanischen Concordates.

Speyer.
Verlag von A. Bregenzer's Buchhandlung.
1865.

Die Speyerer Seminarfrage erregte, kaum daß sie in die Oeffentlichkeit getreten war, das allgemeinste Aufsehen. Wie das Ereigniß von der kirchenfeindlichen Presse werde ausgebeutet werden, war vorauszusehen. Wir haben auf's Neue gelernt, daß wir von jener Seite keine Anerkennung des Rechtes und keine Billigkeit erwarten dürfen.

Fast noch unerträglicher waren übrigens die Angriffe, welche gegen die Wahrung kirchlicher Rechte, wie sie der hochwürdigste Herr Bischof von Speyer unternahm, von Solchen ausgingen, die sich in furchtbarem Spiel der Ironie zu den „treuen Katholiken" zählen. Verdächtigungen und Insinuationen, Herabwürdigungen der Kirche und Verläumdungen des Episcopates, Entstellung der Thatsache und Verschiebung der Rechtsfrage reihten sich zu einem kunstvoll verschlungenen blühenden Ganzen, welches wir als eines der Meisterwerke der Presse des neunzehnten Jahrhunderts bezeichnen müssen. Diese Art der literarischen Kampfesweise, welcher wir unsere ganze Verachtung nicht versagen dürfen, gipfelte in der verschämt ausgesprochenen Befürchtung, es stehe der konfessionelle Frieden auf dem Spiele, wenn — ein katholischer Bischof seine Geistlichen selbstständig erzieht! —

Zu unserer großen Genugthuung können wir hier Urkunde davon nehmen, daß wir gerade bei entschiedenen ernsten Protestanten die volle Billigung des Anspruches der Kirche in der vorliegenden Frage erfahren haben. Bedarf es doch auch nur einer unparteiischen Erwägung der Rechtsfrage und des Thatbestandes, um darüber in's Reine zu kommen, wo in dieser so bedeutungsvollen Controverse das Recht zu suchen sei.

Auf eine Erwägung dieser Art mitten in dem betäubenden Parteigelärme hinzuleiten, ist die Aufgabe dieser Blätter, welche ihrem Hauptinhalte nach schon in dem Speyerer Diözesanblatte erschienen sind. Mögen sie jetzt auch in weitern Kreisen ihren Zweck erfüllen, und überzeugend und überführend einstehen für eines der heiligsten Rechte der Kirche.

I

Das theologische Studium am Seminar zu Speyer.

In Speyer besteht ein Priesterseminar, in welches bis jetzt jene Candidaten der Theologie aufgenommen werden, welche das zwei= jährige Studium der Theologie auf einer Universität vollendet haben. Zu diesen beiden Jahreskursen wird dann der dritte, im Seminare, hinzugefügt. Hier erhalten die Alumnen die practische Bildung zu ihrem Berufe, in welchen sie, zu Priestern geweiht, aus dem Seminare eintreten.

Mit dem Beginne des Wintersemesters 18⁶⁴/₆₅ eröffnete nun der Hochwürdigste Herr Bischof von Speyer in diesem Clerical= seminar, ohne irgendwie Staatsmittel dazu in Anspruch zu nehmen, ein theologisches Studium, welches zwei Jahreskurse umfassen sollte. Dadurch wäre das Clericalseminar in solcher Weise ergänzt worden, daß dessen Zöglinge die vollständige theologische Ausbildung in dieser Anstalt erhalten hätten. Denn dieses zwei= jährige theologische Studium sollte an die Stelle jener beiden Uni= versitätsjahre treten; ohne daß jedoch jungen talentvollen Geistlichen, nachdem sie die Seminarskurse durchgemacht und die Priesterweihe erhalten, der Besuch der Universitäten abgeschnitten gewesen. Viel= mehr lag es in der wiederholt kundgegebenen Absicht des Hochwür= digsten Herrn Bischofs, jene Zöglinge des Seminars, welche einen ausgesprochenen höhern, wissenschaftlichen Beruf zeigten, an die Hoch= schulen zu senden, um nach den tüchtigen Grundlagen der Seminar= schule sich in den theologischen Fächern eine allseitige Bildung zu erwerben, und wo möglich den Doctorgrad zu erringen. Für Alle, welche wissen, daß die Kirche stets die größte und treueste Pflegerin der Wissenschaft gewesen und noch ist, versteht sich dieser Plan eines Bischofs von selbst. Es ist nichts weiter, als was das Wesen und die Würde der Kirche erfordert, welche den Werth der Wissenschaft nicht erst von den laut damit lärmenden Epigonen des neunzehnten Jahrhunderts zu lernen braucht, nachdem sie vor etwa tausend Jahren schon den Ahnen der jetzt lebenden Geschlechter mit dem Glauben und der Wissenschaft Cultur und Civilisation gebracht hat.

Indem aber das Clericalseminar in Speyer von dem Diözesanbischofe in solcher Weise erweitert wurde, that dieser nichts anders, als daß er, dem ursprünglichen Geiste der Kirche folgend, eine Weisung vollzog, welche die letzte allgemeine Kirchenversammlung, jene von Trient, bezüglich des Clerus gegeben hat; eine Weisung, auf deren Vollzug der Papst wie die Bischöfe seit Jahren drängen, weil sie im bayerischen Concordate eine den Staat bindende Unterlage erhalten hat. Der Oberhirte der Diözese Speyer that dabei nichts anders, als was schon vor zwanzig Jahren in der Diözese Eichstätt geschehen ist. Dort errichtete der vorige Bischof und jetzige Cardinal Reisach mit königlicher Genehmigung eine rein bischöfliche theologische Lehranstalt, die heute noch besteht.*)

<hr />

*) Ueber die verschiedene Behandlung der gleichen Rechtsfrage bemerkt der Münchner Volksbote vom 6. Dezember 1864 mit Recht: „In Eichstätt ist dem vorigen Hrn. Bischof Grafen Reisach die Errichtung einer rein bischöflichen Anstalt im Sinne des Art. V des Concordats zur vollen Heranbildung von jungen Leuten für den geistlichen Stand schon unter König Ludwig 1. von der Regierung gewährt worden und dieselbe besteht mit voller staatlicher Anerkennung.

In Scheyern hat vor ein paar Jahren der Herr Erzbischof Gregor von München-Freising gleichfalls eine rein bischöfliche Diözesananstalt errichtet, dieser aber wurde von Seiten der Staatsgewalt die Anerkennung als öffentliche Anstalt verweigert, und ihr nur der Charakter einer Privatanstalt zugesprochen.

In Speyer endlich errichtet, beziehungsweise erweitert, der Hochw. Herr Bischof, ähnlich wie in beiden vorbergehenden Fällen aus eigenen Mitteln, desgleichen eine solche bischöfliche Diözesananstalt für gleichen Zweck; hier aber wird von der Staatsgewalt nicht nur die Anerkennung verweigert, auch der Anstalt nicht etwa blos der Charakter einer Privatanstalt zugesprochen, sondern sie wird — geradezu verboten und durch einen Polizeikommissär geschlossen.

Hier haben wir also an drei verschiedenen Orten drei verschiedene

Dabei verfuhr der Hochwürdigste Herr Bischof in der loyalsten und legitimsten Weise. Schon seit geraumer Zeit waren die Räumlichkeiten im Seminare hergestellt worden, welches zu diesem Zwecke erweitert wurde. Im Jahre 1862 eröffnete nun der Hochwürdigste Herr Bischof sein Vorhaben dem königl. Staatsministerium. Ohne Antwort gelassen, erneuerte er seine Vorstellung im Jahre 1863. Abermals keine Antwort. So zeigte denn der Hochwürdigste Herr Bischof mit abermals umständlicher Darlegung der Rechtsgründe am 24. Mai 1864 dem königl. Staatsministerium an, daß er mit dem Beginne des Wintersemesters 1864/65 die theologische Lehranstalt im Seminare zu Speyer beginnen werde, und brachte die dazu bestimmten Professoren zur Kenntniß. Zugleich wurden im Seminare alle Veranstaltungen getroffen, welche die Eröffnung des theologischen Studiums erheischte.

Nach fast einem Vierteljahre, da bereits das Sommersemester beendet war und nur mehr ungefähr zehn Wochen bis zur Eröffnung der Anstalt zu verlaufen hatten, traf die Entschließung des königl. Staatsministeriums für Kirchen- und Schulangelegenheiten vom 17. August 1864 ein, gemäß welcher das Vorhaben des Bischofes als ein verordnungswidriges und mit den verfassungsmäßigen Bestimmungen nicht in Einklang zu bringendes, „unter jeder Voraussetzung unstatthaftes Unternehmen" bezeichnet und verworfen wurde.*)

Verfahrungsweisen der Staatsgewalt in der nämlichen Frage, und es wird daher sicherlich auch der Vorwurf der Inkonsequenz nicht abgelehnt werden können. Wollten wir einen Augenblick ganz von der Rechtsfrage selbst absehen, so sagt doch ein alter, sonst überall anerkannter Spruch: „Was dem Einen recht ist, ist dem Andern billig"; aber was in Eichstätt recht ist, soll in Scheyern nicht billig sein, und selbst das, was man in Scheyern noch als recht gelten läßt, soll wieder in Speyer nicht mehr billig sein, sondern dort soll eben solche Anstalt gar nicht sein"

*) Bemerkenswerth bleibt für die Beleuchtung der Sache eine Notiz, welche der „Münchener Volksbote" vom 26. Novemb. 1864 brachte: „In Würzburg hat der jüdische Distriktsrabbiner Seligmann-Bär-Bamberger eine israelitische Lehrerbildungsanstalt errichtet, welche von der kgl. Regierung als Ersatz für den Schulseminar-Unterricht erklärt, und im Kreisamtsblatte Nr. 152 ds. Js. warm empfohlen wird. Hiemit ist also einem israelitischen Rabbiner ein Vorrecht eingeräumt, das man einem katholischen Bischofe nicht zugestehen will."

Die darauf hin zwischen Bischof und Ministerium eröffneten, zu keinem vereinbarenden Resultate führenden Erörterungen fanden ihren Abschluß mit der vom Hochwürdigsten Herrn Bischofe von Speyer im Bewußtsein seines guten Rechtes am 1. November 1864 veranstalteten Eröffnung des theologischen Studiums am Speyerer Seminare. Die Staatsregierung hatte Zwangsmaßregeln in Aussicht gestellt, und die polizeiliche Schließung der Anstalt, sowie die **Ausweisung der Zöglinge aus der Stadt Speyer** war durch die Polizeibehörde dem Regens des Speyerer Seminars am 2. November 1864 unter Androhung persönlicher Geldbußen bei fortgesetzter Unbotmäßigkeit schon verkündet.

Da legte im Auftrage des heiligen Stuhles der Apostolische Nuntius zu München am 3. Nov. gegen diese Polizeimaßnahme beim königl. Staatsministerium entschiedenen Protest ein. Daraufhin erklärte das letztere, es werde zwar von Gewaltmaßregeln Umgang genommen, aber die theologische Anstalt von Staatswegen als geschlossen erklärt, und dabei ausgesprochen, wie die in dieser Anstalt gebildeten Priester dereinst keinen Anspruch auf den königl. Tischtitel, noch auf die königl. Präsentation zu Pfarreien haben würden.

Hiegegen erfolgte abermals Reclamation von Seiten des hochwürdigsten Herrn Bischofes von Speyer, welcher jedoch die Anstalt fortführte, indem er sich der Hoffnung hingab, es werde gelingen, die kgl. Staatsregierung von dem Rechte der Kirche zu überzeugen und sie zu bewegen, die bezüglich des Tischtitels und der Präsentation ausgesprochenen Maßnahmen zurückzuziehen.

Unterdessen hatte sich die Zeitungspresse des Gegenstandes bemächtigt, in welchem man bald einen Principienstreit der ernstesten Art erblickte. Und dies mit vollem Rechte. Es gibt im ganzen weiten Gebiete des kirchlichen Rechtes kein bedeutsameres und weittragenderes, kein wesentlicheres und unveräußerlicheres als jenes der **kirchlichen Lehrfreiheit**. Daß es sich aber um diese in ihrem innersten Kerne handle, wenn dem Bischofe das Recht abgesprochen wird, seinen **Clerus** selbstständig zu erziehen und zu bilden, ist klar.

Obwohl nun am 3. November das königl. Staatsministerium dem apostolischen Nuntius zu München die Erklärung abgegeben,

es werde von Gewaltsmaßregeln Umgang genommen, und sich sogar
veranlaßt gefunden, noch an demselben Tage spät Abends durch
Telegramm den königl. Regierungspräsidenten der Pfalz anzuweisen,
die Polizeimaßnahme einzustellen: wurde dennoch im Auftrag des
königl. Staatsministeriums am 26. November 1864 abermals poli=
zeilich eingeschritten, die bereits staatlich unterm 3. Nov. für ge=
schlossen erklärte theologische Anstalt abermals für geschlossen erklärt,
und die unfehlbare polizeiliche Ausweisung der Zöglinge aus der
Anstalt angedroht, wenn diese am 28. November 1864 noch fort=
gesetzt sei.

Als der k. Polizeikommissär am 28. November abermals das
Seminar betrat, um die polizeiliche Maßnahme zur Geltung zu
bringen, hatte der Hochw. Herr Bischof, der Gewalt weichend,
die Zöglinge des theologischen Studiums entlassen, um sie nicht der
polizeilichen Behandlung auszusetzen.

Bei dem k. Staatsministerium legte der Hochw. Herr Bischof
aber wiederholten Protest ein gegen die ihm zugefügte Gewalt, in
welcher er die Verletzung verfassungs= und concordatsmäßiger Rechte
erkannte. Zugleich legte er sämmtliche Verhandlungen dem heiligen
Stuhle vor, und erbat sich vom heiligen Vater Unterstützung und
Verhaltungsmaßregeln.

Es verriethe mehr als Kurzsichtigkeit, wenn Jemand sich mit
der Ansicht getragen hätte, durch Polizeimaßnahmen könnten Prin=
zipien, zumal Prinzipien der Kirche, vernichtet werden. Darüber
hätte die Geschichte anders belehren können. Jedermann muß es
klar sein, daß jetzt der Kampf erst begonnen hat. Er gilt den hei=
ligsten Rechten der Kirche. Darum kann er nur mit der völligen
und unbedingten Anerkennung dieser Rechte schließen. Ob es für
Bayern gedeihlich sei, in diesen Zeiten diesen Kampf mit der Kirche
aufzunehmen, überlassen wir wahren Staatsmännern zu entscheiden.

Eine solche Stimme hat sich ganz kürzlich in öffentlichen Blät=
tern*) mit klarer Würdigung des Gegenstandes und der Zeitver=
hältnisse vernehmen lassen: „Befindet sich" — fragt diese Stimme
— „die bayerische Regierung in einer so glücklichen, imponirenden

---

*) Münchener Volksbote vom 29. Nov. 1864. Mainzer Journal vom
2. Dez. 1864.

Lage nach Außen, hat sie vielleicht jüngst so glänzende Erfolge er=
rungen, daß sie dadurch sich angestachelt finden mochte, in ihrem
Innern einen Kampf über eine religiöse Frage zu beginnen, der
aller Voraussicht nach zu einem Zerwürfnisse mit dem Papst führen
muß, und auf jeden Fall den gesammten Klerus und allermin=
destens einen großen Theil der katholischen Bevölkerung in Mitlei=
denschaft zu ziehen geeignet ist?" —

Was der gesammte Klerus der Pfalz wenigstens für eine
Stellung in dieser die kirchliche Freiheit so tief berührenden Frage
einnimmt, das ist aus dessen Abresse zu entnehmen, welche dem
Hochw. Herrn Bischof von Speyer am 6. Dez. 1864 als am Feste
seines heiligen Namenspatrons, des Bischofs Nikolaus, überreicht
wurde. Es war eine erhebende Feierlichkeit, den so würdigen Ge=
sammtclerus der Pfalz, welcher es im Jahre 1849 hinlänglich be=
wiesen hat, wie er die Treue zum Könige verstehe, vor seinem
Bischofe erscheinen zu sehen, und ihm aus bewegtem Herzen die Ver=
sicherung darzubringen, daß in der Frage der kirchlichen Lehrfreiheit
die Priester der Diözese Speyer sich einmüthig und ungescheut um
ihren geliebten Oberhirten schaaren — ein schönes, herrliches Bild
der kirchlichen Einheit!*)

---

*) Die Abresse lautet:

Hochwürdigster Herr Bischof! Gnädigster Herr!

Wenn es allzeit die heiligste Pflicht und die herrlichste Ehre des Clerus
der Kirche ist, sich um seinen Bischof zu schaaren, und in Ihm den rechtmä=
ßigen Nachfolger der Apostel in Treue, Gehorsam und Liebe zu verehren, so
ist es für die Träger des Priesterthums eine ernste Verpflichtung, Zeugniß
von diesem Bande der treuen Einigung mit dem Oberhirten dann zu geben,
wenn die Kirche, unsere treue Mutter, Gewalt leidet, wenn man ihr: Rechte
antastet, ihre Freiheit in Fesseln schlägt, ihre von Gott ihr verliehene Auto=
rität herabwürdigen läßt, wenn man es wagt, sie in ihrem innersten Heilig=
thum anzugreifen und jene Prinzipien in Frage zu stellen, welche auf ihrem
Dogma unmittelbar beruhen.

Ein solcher ernster Augenblick ist für die Diözese Speyer mit der gewalt=
samen Schließung des theologischen Studiums gekommen, welches Ew. Bischöf=
liche Gnaden nach dem klaren Wortlaut des Concordats gemäß der weisen
Vorschrift des heiligen Conciliums von Trient in dem Diözesan=Seminar
zu Speyer eröffnet hatten.

Der katholische Clerus der Pfalz hat in schweren Tagen, welche wieder=
kehren können, wenn man fortfährt, Allem Freiheit zu geben, nur der katho=

Ein solches Zusammenstehen, wo rings eine Welt in Trüm-
mern gehen will, berechtigt zu den freudigsten Hoffnungen. Mögen
lischen Kirche nicht, — zur Genüge gezeigt, daß er treu den Grundsätzen der
Kirche wisse, dem Kaiser zu geben was des Kaisers ist. Dafür bürgt das
dankende, anerkennende Wort des in Gott ruhenden Königs Maximilian II.
Deßwegen muß es auch gestattet sein, kund zu geben, daß wir Gott geben
wollen, was Gottes ist und daß wir es als einen schwer zu verantwortenden
Eingriff in das heilige, der Kirche angeborne und von Gott übertragene Recht
erachten müssen, wenn in fast unglaublicher Weise der Kirche die Befugniß
abgesprochen wird, selbstständig und aus eigenen Mitteln die Geistlichen
zu bilden und zu erziehen, und dieser wesentliche unveränderliche Bestandtheil
der apostolischen Mission als ein wesentliches Hoheitsrecht des Staates erklärt wird.

Jenes, jetzt in Bayern unter dem ballenden Applause der ganzen revolu-
tionären Parthei in allen Schattirungen, Rothen, Nationalvereinlern, Fort-
schrittlern, Freimaurern, dazu allen sonstigen Freigeistern und Ungläubigen,
sammt den sogenannten Aufgeklärten oder Wenigstglaubenden und Aller fal-
schen Liberalen — der Kirche bestrittene Recht geht aus dem Wesen und dem
Endzweck dieser Kirche hervor, die sich selber aufgeben würde. Es ist dies
Recht in der kirchlichen Gesetzgebung durch alle Jahrhunderte beurkundet,
durch die Kirchengeschichte seit bald zweitausend Jahren in dem Leben und der
Disciplin der Kirche nachgewiesen.

Die heilige ökumenische Synode von Trient hat dasselbe abermals festge-
stellt, und für Bayern endlich ist es als Staatsgrundgesetz sanctionirt im
Concordate.

Wenn nichts desto weniger in offenem Widerspruche mit dem Concordate, dessen geheiligtem Character als feierlicher Vertrag zwischen Staat und
Kirche durch spätere einseitige Gesetzgebung kein Eintrag geschehen konnte,
und mit gänzlicher Hintansetzung der so oft vom heiligen Stuhle zu Rom
und vom hochwürdigsten Episcopate Bayerns wiederholten deßfallsigen Forderung vom Staate dem Bischofe unbedingt das Recht abgesprochen wird,
seine Geistlichkeit selbstständig zu bilden, so können wir mit Ew. bischöflichen
Gnaden eine solche Vergewaltigung nur schmerzlich beklagen, und verhehlen
unsere bittern Gefühle nicht, welche unwillkürlich unser wie aller Katholiken
Herz erfüllen.

Mit unserm Hochwürdigsten treugeliebten Oberhirten stehen wir aber fest
in der Hoffnung, daß auch aus diesem Kampfe die Kirche siegreich hervorgehen
werde, deren Freiheit (Zeuge dafür sind achtzehnhundert Jahre!) nie gesicher-
ter war, als dann, wenn man dieselbe mit Gewalt in Fesseln zu schlagen
unternahm.

So können wir nur Gott bitten, daß er Ew. Bischöflichen Gnaden
stärke zur apostolischen Ausdauer in diesem Kampfe um die heiligsten geistigen
Güter.

sie vor Allem darin in Erfüllung gehen, daß der Kirche ihre g a n z e
v o l l e Freiheit werde.

—————

Vertrauend sind dabei unsere Blicke nach dem Felsen gerichtet, auf welchen Gott seine Kirche erbaut hat, welche in diesem Sturme nicht unterliegen wird.

Geruhen aber auch Ew. Bischöfl. Gnaden von uns, dem Clerus der Diözese Speyer, die Versicherung hinzunehmen, daß wir Alle mit unserm hoch-
verehrten geliebten Bischofe, dessen väterliches, apostolisches Herz wir kennen,
für das gute Recht unserer Kirche stehen und fallen; daß wir insgesammt,
ohne der Unterthanenpflicht, die uns heilig ist, irgend zu vergeben, für die
Freiheit und Unantastbarkeit der auf dem Dogma ruhenden Principien der
Kirche mit allen Waffen des Geistes in die Schranken treten.

Dies sind die Gesinnungen der Söhne, welche sie dem geliebten Vater am
Feste seines heil. Patrones, des Bischofs und Bekenners Nikolaus, als Ange-
binde aus der Fülle des Herzens bringen.

Möge dieser festliche Tag noch oft wiederkehren, wo wir treu geschaart
um unsern geliebten Bischof stehen! Möge unter dem mächtigen Schirme
der himmlischen Schutzherrin des Bisthums, der unbefleckt empfangenen
Jungfrau und Mutter Gottes, der Segen sich herablassen auf die von der Hand
Ew. Bischöfl. Gnaden so treu und glücklich geleitete Diözese, auf deren Clerus,
auf das ganze Vaterland!

Indem wir für uns und die uns anvertrauten Gläubigen um den bischöflichen Segen bitten, verharren wir in tiefster Ehrfurcht Ew. Bischöfl.
Gnaden ehrerbietigst gehorsamste Diener und Söhne."

II.

Die Lehrmission der Kirche.

Wenn in einer bürgerlichen Gesellschaft gewisse Stände und Corporationen, gewisse Unternehmungen und Anstalten bevorzugt oder
hintangesetzt, mehr berücksichtigt oder mehr beschränkt werden; so
läßt das einen Schluß zu auf die Bedeutung und Wichtigkeit, auf
die innere Güte und den allgemeinen Nutzen, welche solchen Körper-
schaften, Anstalten und Unternehmungen beigelegt werden. Es muß
sich daher den Katholiken eines Staates ein überaus bitteres Gefühl aufdrängen, wenn sie gewahren, mit welcher Liberalität derselbe alle möglichen Bestrebungen auf den politischen, commerciellen,
industriellen, rein wissenschaftlichen Gebieten gewähren läßt, indessen
er sich berufen glaubt, der Kirche allein und ihren religiösen Gebieten hemmende Schranken zu setzen; wenn es sich herausstellt, daß,
während man sonst — in der gefährlichsten Weise — zügel-
lose Freiheit gestattet, es nur die Kirche, ihre Anstalten
und ihre Lebenskreise sind, welche man scharf überwacht und streng
bevormundet. Es kann keinem Zweifel unterliegen, daß dies in
Bayern sich so verhalte. Lassen wir die Thatsachen sprechen! Wer
irgendwie sich über die entsprechende Bildung ausweist und hin-
längliche Gewähr durch seinen Charakter bietet, dem schlägt man
in Bayern — und mit Recht — die Genehmigung einer zu grün-
denden Lehranstalt, in soferne sonst das Bedürfniß nachgewiesen ist,
nicht leicht ab. Nehmen wir das Beispiel von Handelsschulen,
von höheren Töchterinstituten, von sonstigen Privatschulen;
— denken wir an die israelitische Lehrerbildungsanstalt zu Würzburg, von welcher wir oben schon gesprochen haben. Der Bischof von Speyer will nun seinem bestehenden und von

ihm selbstständig geleiteten Clericalseminare noch zwei weitere Jahreskurse beifügen; das Staatsministerium hat dabei offiziell das Bedürfniß dieser beiden Jahreskurse anerkannt; wir glauben auch wohl annehmen zu dürfen, daß das Staatsministerium keinen Zweifel setze in den persönlichen Charakter und die Fähigkeit unseres Hochwürdigsten Herrn Bischofs, einer solchen Anstalt als oberster Leiter vorzustehen. Nichts desto weniger spricht man im Principe dem Bischofe förmlich das Recht ab, selbstständig seine Geistlichen zu erziehen. Das sei für das eigentliche theologische Studium ausschließlich Staatssache. Unter allen Staatsbürgern des Königreiches Bayern sind also die Bischöfe allein vollständig und absolut unfähig, selbstständige Lehranstalten zu errichten, sogar für ihren Clerus; sie allein bieten nicht die entsprechenden Garantien. Man sieht, das sind unhaltbare Theorien, das sind Maximen, gegen welche sich das einfache Rechtsgefühl sträubt; Grundsätze des Staatsrechtes, bei welchen die Herzen der Katholiken sich empören müssen! —

In welchem Lichte aber zeigen sich erst solche unselige Principien, wenn man an sie den Maßstab des nicht von Menschen, sondern von Gott selbst angeordneten Rechtes der Kirche anlegt! Nichts kann besser und gründlicher von der in der That unheilvollen Stellung, welche man in dieser Sache von Seiten des Staates gegen die Kirche eingenommen hat, überführen, als diese Erwägung.

„Unter allen Rechten der Kirche steht obenan das göttliche Recht der Lehre und Erziehung. Sie kann nimmer sich trennen von dem Bewußtsein des ihr gegebenen Auftrages: Gehet hin und lehret alle Völker, taufet sie im Namen des Vaters und des Sohnes und des heil. Geistes und lehret sie Alles halten, was ich Euch gesagt habe. Sie kann eben so wenig sich trennen von dem Bewußtsein der Freiheit in Erfüllung dieser Mission. Alle Jahrhunderte und alle Welttheile geben der Kirche das Zeugniß, daß die Träger und Werkzeuge ihrer großen Erziehungsmission für die freie Ausübung des von ihrem göttlichen Stifter ihr ertheilten Auftrages, zu lehren und zu erziehen, weder Mühen und Gefahren, noch Leiden und Tod gescheut haben. Mochte Besitzthum und Glanz und Ehre, mochte ihnen Alles genommen werden das Recht, das von Gott empfangene, zu lehren, zu erziehen,

zu fittigen die Völker des Erdkreifes, hat die Kirche nimmer preis-
gegeben. — Und indem fie den Menschen erfaßt, um ihn lehrend und
erziehend feiner höhern Bestimmung zuzuführen, erfaßt fie denfelben
vom zarteften Alter an; erfaßt und begleitet ihn in der Entwicklung
aller feiner geiftigen Kräfte, auf daß diefe durch einen alle Zweige
des Wiffens umfaffenden Unterricht zur vollen Durchbildung ge-
langen im Geifte ihrer auf die höhere ewige Beftimmung des Menfchen gerichteten Miffion. — Wie der Menfch nicht getrennt gedacht
werden kann in einen für feine irdifchen Bedürfniffe arbeitenden
Leib und einen feine höhere Beftimmung anftrebenden Geift, fo
weiß auch die Kirche, daß der menfchliche Geift nimmer zerfpaltet
gedacht werden kann in zwei gefonderte Richtungen. Und eben
darin beurkundet fie ihr göttliches Recht zur Erziehung
des Menfchengefchlechtes, daß fie den Geift des Menfchen in der
Totalität aller feiner Kräfte und Thätigkeiten erfaßt und entwickelt
und durchbildet zu der höhern ewigen Beftimmung der Menfchheit. Und es ift wiederum die Gefchichte, welche der Kirche das
Zeugniß gibt, daß fie im Bewußtfein des göttlichen Rechtes,
der göttlichen Freiheit, die Menfchen zu lehren, zu erziehen, zu fittigen, in allen Zweigen des Wiffens und der Künfte
das Herrlichfte geleiftet hat, von der Errichtung der ftillen Klofter-
fchule und Werkftätte bis zur Gründung ihrer Hochfchulen und
Riefendome, die alle fich erhoben auf dem Fundamente der Einen
allumfaffenden Durchbildung des menfchlichen Geiftes zu feiner höhern Beftimmung."

„Dieß Anrecht an die Menfchheit kann die Kirche
nimmer aufgeben, ohne fich felbft aufzugeben; — und
es ift nur eine naturnothwendige Folge diefes ihres Rechtes, daß
fie alle zur Ausübung derfelben erforderlichen Mittel, die zum Lehren
und Erziehen beftimmten Individuen oder Corporationen fowohl als
die Lehrbücher frei zu wählen und zu beftimmen; — daß fie ins-
befondere in der Heranbildung und Reiferklärung der Träger
und Sendboten ihres großen Erziehungswerkes fowie in
deren Verwendung, Ueberwachung, Correction, oder wo es nöthig,
Befeitigung, gänzlich und vollkommen freie Hand haben;
— und daß ebenfo die Beftimmung darüber, welche Vereine und
Corporationen etwa hiefür zu erhalten oder zu errichten, und welche

nicht mehr nützlich oder zulässig sind, der Kirche allein zustehen muß: soll anders dieselbe als die Hüterin der, im Glauben wurzelnden und die Sicherung aller öffentlichen Ordnung und Gesetzlichkeit bedingenden Sitte in dem Vollgenusse der ihr zuständigen Freiheit gedacht werden können." —

Was sind das für ernste, für die Wahrheit und das Recht der Kirche begeisterte Worte, welche wir hier anführen? Wer hat es gewagt, sie auszusprechen, und mit solcher Bestimmtheit der Menschenmeinung in unsern Tagen entgegenzustellen? — Es sind die Worte, welche die Bischöfe Deutschlands im Jahre 1848 auf der denkwürdigen Versammlung zu Würzburg in ihrer herrlichen Denkschrift niedergelegt haben. Es war das damals eine tröstliche, eine erhebende Erscheinung, umtobt von den hochgehenden Wogen der politischen Bewegung, mitten in dem blutigen Lärm des Aufruhrs, die Oberhirten des katholischen Deutschlands am Grabe des heiligen Kilians tagen zu sehen. Alles rief fieberhaft nach Freiheit, und Vieles an diesem Rufe war unberechtigt, Vieles unverstanden. Die Bischöfe erachteten es an der Zeit, die wohlberechtigte, wohlverstandene Freiheit der Kirche zu vindiciren, welche die verblendete Staatsklugheit in theilweise schmähliche Fesseln geschlagen hatte. Sie thaten dies in jener Denkschrift, die eine schwere Anklage für die Zeit vor 1848 enthält; fast aber noch eine schwerere für die nachfolgende. Ist es möglich, unter allen Forderungen, welche damals die deutschen Bischöfe für das Recht und die Freiheit der Kirche erhoben, nur eine zu finden, welche nicht in der göttlichen Anordnung dieser Kirche tief begründet und im vollen Einklang mit den Principien wäre, welche die wahre Staatsweisheit über das Verhältniß zwischen Kirche und Staat aufstellen muß! — Und welchen Erfolg hatte im großen Ganzen jene ehrenwerthe Appellation der Bischöfe an die Gerechtigkeit, an das eigene höchste Interesse der bürgerlichen Gesellschaft? — In der Hauptsache keinen. Welche Berücksichtigung fanden so wohl begründete Ansprüche? Spärliche, wie man sie Jenen gewährt, die man als zu ohnmächtig erkennt, ihren guten Ansprüchen Recht zu verschaffen. Aber machte denn nicht dieses merkwürdige Aktenstück einen nachhaltigen Eindruck, orientirte es denn nicht über die unveräußerlichen Rechte der Kirche, brachte es denn nicht zum Bewußtsein, daß an der katholischen Kirche ein großes Unrecht noch gut zu machen sei, welches noch lange nicht völlig gesühnt worden? — Mit Nichten! Die begeisterten, freimüthigen, ernst mahnenden Worte der deutschen Bischöfe sind spurlos verhallt. Noch heute steht man der Kirche gegenüber mehr oder weniger auf dem Standpunkt der Säcularisation.

Wir haben mit Absicht die Worte der Würzburger Denkschrift gewählt, um das eigentliche Wesen der kirchlichen Lehrfreiheit darzulegen. Denn diese Worte, welche die Billigung des heiligen Stuhles zu Rom erhielten, sind nicht nur in der authentischsten Weise autoritativ, sondern sie zeigen auch, daß die Kirche in Deutschland nicht erst heute, wie man in der Speyerer Controverse gerne zur Geltung bringen möchte, sich zu solchen Ansprüchen zu erheben beginnt. Die Grundsätze, welche der Hochwürdigste Herr Bischof von Speyer bei der Eröffnung seiner theologischen Lehranstalt anwendete, hat derselbe bereits als Mitglied der Würzburger Versammlung als die seinigen bezeichnet und vor aller Welt ausgesprochen; und auf der Versammlung des bayerischen Episcopates zu Freising im Jahre 1850 fanden diese Grundsätze nur ihre Bestätigung, wurden die gerechten Ansprüche im Königreiche Bayern nur um so bringender geltend gemacht.

„Die Kirche, durch die Kraft des Wortes unter dreihundertjähriger blutiger Verfolgung begründet, nimmt jetzt, wie früher, die unbeschränkte Freiheit der Lehre und des Unterrichts, sowie die Errichtung und Leitung eigener Erziehungs- und Unterrichtsanstalten im ausgedehnten Sinne als dasjenige Mittel in Anspruch, ohne welches sie, ihre göttliche Sendung wahrhaft und im vollen Umfange zu erfüllen, außer Stand sein würde; und sie muß jede einengende Maßregel auf diesem Gebiete als nicht vereinbar mit den gerechten Ansprüchen der Katholiken deutscher Nation ansehen."

So sprach der Episcopat Deutschlands auf der Würzburger Versammlung. Die bayerischen Bischöfe fügten aber bezüglich des engern Vaterlandes zwei Jahre später auf der Freisinger Versammlung hinzu:

„Der Episcopat selbst behält sich vor, da, wo er es nöthig „halten sollte, auch eigene den Gymnasien und Lateinschulen ana-

2

„loge Lehr- und Erziehungsanstalten zu gründen; er erwartet, daß
„man der Kirche, welche ehemals die Gründerin und Bewahrerin
„aller derartigen Schulen gewesen, auch jetzt das Recht, einzelne
„Schulen zu stiften und zu leiten, nicht werde absprechen wollen. —
Mit der nämlichen Entschiedenheit wahrt in der Freisinger
Denkschrift, welche ebenfalls die feierliche Sanction des Nachfolgers
des heiligen Petrus erhielt, der Episcopat Bayerns seine Befug-
nisse in Beziehung auf die Clericalseminare.

„Nichts gehört mehr" — erklärt er — „zum innersten, aus-
„schließlich ihr vorbehaltenen Heiligthum der Kirche, als Vorbe-
„reitung und Ordination der Diener des Altars; keine Pflicht des
„Episcopates ist ernster und heiliger, und darum auch keines seiner
„Rechte wesentlicher und unveräußerlicher, weil auf göttlicher An-
„ordnung beruhend, als dieses. Der Satz: daß niemanden An-
„derem als dem Bischof die Auswahl, Erziehung, Lehre
„und Prüfung Jener zukömmt, die sich in seiner Diö-
„zese dem geistlichen Stande widmen, ruht auf dem katho-
„lischen Dogma; und die Kirche ist da, wo diese Wahrheit nicht
„anerkannt und praktisch gehandhabt wird, einer Freiheit be-
„raubt, die sie selbst zu den Zeiten des heidnischen
„Roms besessen hat, und deßhalb mit Siechthum und allmäh-
„ligem Verderben bedroht. *)

---

*) Fast erschütternd lauten die Worte eines edeln Todten, welche die Stel-
lung der Kirche in Bayern in dieser Beziehung im Jahre 1858 beleuchtete: „Es
„handelt sich hier nicht blos um Erfüllung einer durch das Concordat über-
„nommenen Verbindlichkeit, wie z. B. die Dotation eines Emeritenhauses
„u. s. w., von welchem weder die Existenz der Kirche abhängt, noch das
„Dogma berührt wird. Nein! es handelt sich um die Entpflan-
„zung der Kirche Gottes. — Niemand hat von Gott den Auftrag, die
„zukünftigen Priester zu unterrichten und zu erziehen, als die Bischöfe; und
„wo je der Staat, insbesondere der moderne, vom Christenthum sich mehr
„und mehr entfernende Staat, diese Erziehung und diesen Unterricht in die
„Hand nimmt, wie er es in Bayern bereits einmal gethan, da muß die
„Kirche zu Grunde gehen. Man täusche sich nicht mit Hoffnungen auf
„einzelne besser gesinnte Persönlichkeiten unter den höhern Staatsbeamten,
„oder man betrachte es nicht als ein Mißtrauen auf die Person des Mo-
„narchen, wenn solche Besorgnisse ausgesprochen werden. — Auch die best-
„gesinnten Monarchen können im Glauben an die modernen antichristlichen
„Staatsprincipien von der gerade jetzt mit unglaublicher Rührigkeit arbei-

Dem tiefsten Grunde nach, im innersten Wesen handelt es sich demnach in der Speyerer Seminarfrage um das Recht, um die Freiheit der Kirche in Beziehung auf Lehre und Erziehung. Der Episcopat Deutschlands nannte dieses Recht ausdrücklich ein göttliches Recht.*)

Und es ist ein solches. Die Kirche hat sich dasselbe nicht willkürlich angeeignet, es ist ihr nicht durch Gunst und Gnade der Mächtigen dieser Erde übertragen worden. Dies Recht ist ihr von Gott verliehen, so wie die daraus entspringende Verantwortung ihr von Gott auferlegt ist. Es ist unzertrennlich verbunden mit der großen apostolischen bis an das Weltende reichenden Mission, alle Völker und Geschlechter zu lehren, womit der göttliche Stifter der Kirche diese betraut hat.

Als göttliches Recht ist aber diese Sendung zur Lehre in all ihren Theilen ein uraltes in der Kirche; ja es ist und muß so alt sein wie die Kirche selbst. Es ist ein ursprüngliches Recht; und so wenig es daher in seinen einzelnen Befugnissen von der Mission der Apostel selbst abgesondert oder ganz daraus beseitigt zu werden vermochte, so wenig kann das heute in Bezug auf das Amt der Bischöfe geschehen, welche die rechtmäßigen Nachfolger der Apostel sind. Mit dieser Mission der Bildung und Erziehung, welche auf das ganze Menschengeschlecht lautet, ist die Kirche in das römische Weltreich eingetreten, hat sich in demselben die staatliche

"tenden Partei der Feinde der katholischen Kirche irre geführt werden, und "meines Erachtens ist das die wahre Unterthanentreue und "die wahre Liebe zum Monarchen, wenn man ihn auf die Gefahr "hin, für eine Zeit lang verkannt zu werden, warnt und beschwört, jenen "übeln Einflüssen keinen Raum zu geben. Wer aber glaubt, so schlimm könne "es in Bayern nicht werden, der blicke zurück auf's Jahr 1847, der sehe "auf das ehemals erzkatholische Sardinien, der sehe auf das Gebahren der "Jakobiner in der Schweiz. Ich sage es mit dem innigsten Wunsche, daß "es nicht geschehen möge, auch bei uns sind Dinge möglich, die "wir uns heute nicht träumen lassen." Memorandum des Münchener Domcapitulars Windischmann vom 4. Juni 1858. Archiv für katholisches Kirchenrecht. 1862. Neue Folge, zweiter Band, 8. Heft, S. 452.

*) Nach dieser Darlegung ist nichts unbegründeter und oberflächlicher als die Behauptung, es sei der Bischof von Speyer mit ganz neuen, noch nie in Frage gekommenen Ansprüchen aufgetreten. Man begreift kaum, wie man es wagen könne, solche Sätze aufzustellen.

Freiheit errungen, hat es überdauert und nach ihm seit andert=
halbtausend Jahren noch unzählige andere Reiche und Throne dieser
Welt; so wie sie auch in Zukunft noch oft genug irdische Gewalt
und Machtstellung wird an sich vorüberschwinden sehen. Mit dieser
Mission und in der treuen unermüdlichen Erfüllung derselben ist
die Kirche die wahre Lehrerin des Menschengeschlechtes, die eigent=
liche Begründerin unserer Cultur und Civilisation geworden. Nie
hat sie sich in diesem Lehramt irre machen lassen; stets hat sie
darin die ihr zukommende Freiheit als unantastbar behauptet.
Was der Hochwürdigste Oberhirte von Speyer im neunzehnten
Jahrhunderte vor der weltlichen Gewalt wiederum in Anspruch
nimmt, ist dem Wesen und dem innersten Rechtsgrunde nach nichts
anders, als was Petrus an der Spitze der Apostel gethan, als
er auf das eingeschärfte Verbot des Synedriums, nicht zu leh=
ren, erwiderte: Man muß Gott mehr gehorchen als den
Menschen.*)

*) Eine Illustration zu unserer Frage bietet das „Königreich Italien“. Am
13. September ds. Js. nämlich erging vom einschlägigen Staatsminister zu
Turin ein gedrucktes Circular an die Bischöfe in den Marken und in Um=
brien, worin über Leitung, Unterricht, Vermögen der Seminarien Auf=
schluß begehrt wurde, wohl in der Absicht, die Oberaufsicht den Bischöfen zu
entziehen und die geistlichen Pflanzschulen dem Staate unterzuordnen. Die
Bischöfe nun, ausgehend von des Ministers eigenen Worten: er sei „innig
überzeugt von dem vielfachen Nutzen, der für die Kirche und den Staat aus
jenen Instituten erwachse, in denen solche Jünglinge erzogen und gebildet
werden, welche sich dem Dienste der Kirche weihen wollen“, danken zuerst
für dieses Geständniß, heben aber auch gleichzeitig hervor, daß die Kirche
längst diesen Nutzen erkannt habe, und weisen den Minister vorzüglich auf
das zu Recht bestehende Concil von Trient, Sess. XXIII. cap. 18 de Reform.
hin. Dort könne er sehen, daß nur den Bischöfen allein die Vollmacht ge=
geben sei, in ihren Diöcesen eines oder mehrere Seminarien zu errichten
und zu lenken, prout sibi opportunum videbitur; daß nur sie Lehrer an=
stellen oder entfernen und die Unterrichtsgegenstände vorschreiben sollen, do-
cebunt autem praedicti, quae videbuntur episcopis expedire; daß mit
einem Worte dem Bischof die ganze Obsorge zustehe, quae ad felicem hujus
Seminarii profectum necessaria et opportuna videbuntur. decernere ac
providere valeat. Und so, fährt die Denkschrift fort, muß es sein. Denn
„die Oberhirten mit dem Papste an der Spitze sind von Gott bestellt zu
Bewahrern und Dolmetschern der Dogmen und Heilswahrheiten, zu Lehrern
der reinen Sittlichkeit, zu Wächtern der kirchlichen Disciplin.“ Zu ihnen

Eben aber weil dieses Recht der Lehre ein von Gott der Kirche zugewiesenes und beßhalb ein ursprüngliches ist, ist es auch ein wesentliches und unveräußerliches. „Dieß Anrecht an die Menschheit kann die Kirche nimmermehr aufgeben, ohne sich selber aufzugeben", erklärten vor ganz Deutschland die in Würzburg versammelten Bischöfe und die Freisinger Versammlung des bayerischen Episcopates wies mit Recht, namentlich in Beziehung auf die Erziehung und Bildung des Clerus, auf den engen Zusammenhang dieses kirchlichen Rechtes mit dem Dogma,

und nicht zu Andern hat Christus gesprochen: Gehet hin und lehret. „Darum gebührt ihnen mit vollem Rechte gänzliche Freiheit in der Heranbildung des Klerus, und überdies darf man in einem katholischen Lande auch die sonstigen öffentlichen Unterrichtsanstalten ihrer Wachsamkeit und ihrem Einflusse nicht entziehen, da wissenschaftlicher Unterricht und christliche Erziehung, Wissen und Frömmigkeit innigst miteinander verbunden sind." Darauf weisen die Bischöfe näher nach, welche Früchte bereits der ihrer Aufsicht entzogene öffentliche Unterricht trage, da man den Schülern schlechte, antikatholische und verbotene Bücher in die Hand gebe, religionsfeindliche Lehrer anstelle, und die Uebungen der christlichen Frömmigkeit, sowie den Empfang der Sacramente unterlasse oder auf nichts beschränke. „Daraus, Herr Minister, können Sie begreifen, welches Geschlecht für die bürgerliche und religiöse Gesellschaft erzogen wird." Daher seien die Bischöfe um so mehr verpflichtet, jeden weltlichen Einfluß von ihren Seminarien fern zu halten, und der Staat müsse deren heilige und unveräußerliche Rechte achten, welche eng mit der Auctorität und Freiheit der Kirche zusammenhängen; „Sogar unter der päpstlichen Regierung sind die Seminarien von der Oberaufsicht der römischen Studiencongregation, die doch aus Geistlichen zusammengesetzt ist, exempt gewesen und hat man den Bischöfen volle Freiheit gelassen." Endlich entgegnen die Oberhirten dem Minister, welcher vorschützte, die Regierung beabsichtige, den Seminarien nützlich zu werden, daß die beste Sorge die wäre, sich jeder Einmischung zu enthalten. „Seien Sie überzeugt, Herr Minister, daß Niemanden die Wohlgezogenheit einer erkorenen Schaar von Jünglingen, die vielleicht Diener des Altares werden, mehr am Herzen liegt, als den Lehrern der christlichen Moral . . . nur das begehren wir, daß jene, welche von Gott zu seinen geistlichen Streitern berufen sind, nicht zum Militärdienste hinweggenommen werden. Für sie und für Alles, was die Kirche angeht, verlangen wir jene Freiheit, welche ihr in einem katholischen Staate nach religiösem und socialem Rechte gebührt." (Folgen 40 Unterschriften von 3 Cardinälen, 4 Erzbischöfen, 20 Bischöfen und 13 Capitelsvicaren.) (Augsb. Postzeitung, 17. Nov. 1864.)

der Glaubenslehre selbst hin. — Die Kirche ist wesentlich eine
Lehranstalt; sie ist, wir wissen das, noch weit mehr. Nichts
desto weniger gehört die Verkündigung der göttlichen Wahrheit
und die Bildung und Erziehung des menschlichen Geschlechtes durch
diese Wahrheit und nach dieser Wahrheit, welche die einzig ausreichende Grundlage jeder Wissenschaft bildet, zu der wesentlichen Aufgabe der Kirche. Wer sie in der selbstständigen Lösung
dieser Aufgabe beschränkt, greift ihr Wesen, ihren Bestand, greift das
Dogma selber an.*) Wie sonderbar auch! Wenn Pius IX. sich

*) „Schon die Kinder“ — sagt der Volksbote — „wissen es aus dem
Katechismus, daß die Bischöfe die Nachfolger der Apostel sind, und daß nur
sie die Pflichten der Sendung zu erfüllen haben, welche Christus den Apo-
steln gegeben hat, daß also auch sie es sind, welche nach dem Gebot des
göttlichen Meisters das Lehramt in seiner Kirche auszuüben haben.
Davon daß Christus dem Pilatus oder Herodes oder dem Kaiser Tiberius,
oder überhaupt irgend einer weltlichen Macht solches übertragen oder
gar als „wesentliches Hoheitsrecht“ verliehen habe, steht im Evangelium, wie
im Katechismus, nichts. Mag man es daher noch so ungerne hören, daß
die Behauptung eines „wesentlichen Hoheitsrechtes“ zur Erziehung, Bildung
und Unterrichtung der angehenden Kleriker als antikatholisch, das heißt,
als der Lehre und den Grundsätzen der katholischen Kirche
zuwiderlaufend und dieselbe geradezu umstoßend bezeichnet werden — es ist doch so, und alle Diejenigen, welche entgegengesetzter Ansicht
sind, beurkunden damit nur, daß ihnen, auch wenn sie sich „treue Katholiken“
nennen, der Katechismus und das Fundament abhanden gekommen ist.
Wenn dem Staat, also der Regierung, beziehungsweise dem Kultusminister,
die Ernennung der Professoren der Theologie zustehen soll, so ist es — das
begreift wieder der einfachste Verstand — dieser und nicht der Bischof,
welcher die Lehre und Bildung der künftigen Seelsorger übernimmt; und
wollten wir für einen Augenblick einmal ganz von dem Recht und der Pflicht
absehen, so dürfen wir doch ganz einfach fragen: Hat denn der Staat
das Zeug, um religiös zu bilden, — hat er darüber ein Urtheil, ob
ein zu berufender Professor rechte oder falsche Lehren seinen Hörern
verkündet? Darüber kann kein Minister, sondern nur der Bischof das
kompetente Urtheil haben. Noch mehr! Der Kultusminister kann ein guter
Katholik sein, aber es steht verfassungsmäßig nichts im Wege, daß er ein
Nichtkatholik, daß er ein Freimaurer oder sogar ein ganz Ungläu-
biger sei, was in jener Zeit, wo die Behauptung von den „wesentlichen
Hoheitsrechten“ in kirchlichen Angelegenheiten aufgekommen, nur zu oft der
Fall gewesen ist. Wenn jene abgestandene Behauptung sich noch halten möchte,
so steht gar nichts im Wege, daß besagtes „wesentliches Hoheitsrecht“ über

herbeiließe, der französischen Besatzung Roms — wenn er es vermöchte! — gewaltsam die Waffen abzunehmen, um damit zum
Schuße der Stadt gegen die drängenden Feinde die Mönche der
Klöster und die Zöglinge der Seminarien zu bewaffnen: man würde
ein solches Unternehmen nicht nur für ungerecht, sondern auch für
unverständig halten. Und mit Recht. Was ist eine Armee ohne
Waffen? Aber thut man denn anders, wenn man der Kirche ihre
geistigen Waffen, das Wort, die Predigt, die Freiheit der Lehre und

kurz oder lang auch einmal nicht blos von einem der Grundsätze und Lehren
der katholischen Religion unkundigen, oder gegen dieselben gleichgiltigen, sondern von einem ihnen gerade zu feindseligen Manne ausgeübt werden
könnte. Und wie dann, wenn gar ein solcher die Professoren bestellte?
Dann sollte hinterher der Bischof die jungen Leute, welche von wer weiß
was für Professoren jahrelang zu wer weiß was angelehrt worden sind, mit-
tels eines einjährigen Seminarkurses in wahre katholische Priester umwan-
deln und so für die Seelsorge des katholischen Volks Sorge tragen! — In
solcher Lage sind wir allerdings setzt noch nicht, aber wie steht es dennoch
schon gegenwärtig, wo der Staat die gesammte höhere Erziehung und Bildung in der Hand hat, in religiöser Beziehung? Hören wir was der Pfar-
rer A. v. Lachemair in seiner jüngst erschienenen trefflichen Schrift über
die „Schulreformfrage" in dieser Beziehung sagt:
„Tausende von christlichen Eltern", schreibt er S. 10, sind in der Lage,
ihre Söhne behufs höherer Ausbildung und künftigen Berufs den mittlern
und höhern Lehranstalten anzuvertrauen. Wer wüßte nun nicht, daß sie
sich hierzu nur mit schwerem Herzen und unter vielen Kümmernissen und
Sorgen entschließen können? Und warum? Weil sie befürchten, daß ihre
Söhne an diesen Schulen (und Universitäten) an dem von der Heimath
mitgebrachten Glauben wie an den Sitten Schiffbruch leiden möchten. Ist
diese Furcht völlig unbegründet? Wäre sie es! aber man kann die Augen
nicht vor der Thatsache verschließen, daß, was die mittlere und höhere
Schule bildet, größtentheils dem modernen Unglauben schon
zugefallen ist."
So Herr v. Lachemair, aus dessen Schrift hier noch Vieles ange-
führt werden könnte! Wer aber bildet die heranwachsende Jugend
in jenen Anstalten? Ist es etwa nicht der Staat? Und aus Dem, was
dem modernen Unglauben schon zugefallen, soll ein einjähriger Seminar-
kurs ein tüchtiges Priesterthum schaffen! Wahrlich, es ist nur einem höhern
Walten zuzuschreiben, daß wir bei solchen Zuständen noch einen treukatho-
lischen Clerus haben. Daß aber diese Zustände in Folge des sich immer
mehr spreizenden Unglaubens und der stets wachsenden Verhöhnung aller
Autorität täglich weiter greifen, sieht jeder Unbefangene. (Volksb., 26.
Nov. 1864.)

des Unterrichtes überhaupt entzieht! — Wenn sich der gelehrte und geistreiche Cardinal Wiseman in London mit einer dringenden Petition an das Parlament wendete, um den Auftrag zu erhalten, die See= soldaten und Matrosen der Flotte Ihrer königlichen brittischen Ma= jestät in seinem Seminare zu bilden; alle Welt würde über dieses sonderbare Beginnen des Prälaten spotten, und seine Idee unter die firen verweisen, woran die Söhne Albions zu leiden pflegen. Was aber auf allen Gebieten des irdischen Daseins als ein unbe= fugter Eingriff in fremdes Recht, als ein Widerspruch in sich selber aner= kannt würde: der Kirche gegenüber bleibt Alles erlaubt, Alles möglich.

Was folgt nun daraus, wenn dieses Recht der freien Lehre ein göttliches und ursprüngliches, ein wesentliches und unveräu= ßerliches der Kirche ist? Es folgt daraus, daß die Kirche dieses Recht überall in Anspruch nehmen wird, wo sie überhaupt besteht; daß sie diese Freiheit als eine ihr selbstverständlich zukommende f o r d e r n muß, wo immer sie förmlich anerkannt, als eine vom Staate r e = c i p i r t e religiöse Gesellschaft angesehen ist. Es folgt daraus für unsern besondern Fall, daß, abgesehen von allen andern Rechts= titeln, n a m e n t l i c h a u c h a b g e s e h e n v o m C o n c o r d a t e, der Kirche in Bayern diese Lehrfreiheit nicht vorenthalten und nicht ver= kürzt werden kann, wenn man sich nicht an dem Wesen dieser Kirche selbst vergreifen und in den Widerspruch verwickeln will, einer Kir= chengemeinschaft das Recht eingeräumt zu haben zu bestehen, und ihr dennoch die Grundbedingungen ihres Bestandes zu entziehen. Mit demselben Rechte — um das Beispiel mitten aus dem Leben zu greifen, — womit die concessionirte Eisenbahn= Actien= Gesellschaft darauf bestehen kann, daß man sie ungestört Personen und Güter befördern lasse, mit demselben Rechte, womit der in Bayern mit cor= porativen Rechten ausgestattete St. Johannisverein darauf bringen muß, daß man ihn in der Ausübung von Werken der Nächsten= liebe nicht behindere: mit demselben und noch viel besserm Rechte ver= langt die Kirche, daß man ihr die ihrem Bestande und ihrer Aufgabe w e s e n t l i c h e L e h r f r e i h e i t nicht beschränke, daß man mit der einen Hand nicht gebe, um mit der andern es wieder zu nehmen, daß man das sie g a n z sein lasse, was sie — nicht nach mensch= lichem Gutdünken, sondern durch Gottes Anordnung — zu sein, seit achtzehnhundert Jahren behauptet.

Will man das nicht, dann nimmt man eben gegen die Kirche mehr oder weniger die Stellung ein, welche in den ersten drei Jahrhunderten jene der römischen Weltherrschaft gegen sie gewesen. Mag es sein! Es gab ruhmlosere Zeiten für die Kirche, als jene der Catacomben! —

Ist aber die katholische Kirche (als das, was sie ist, und nicht als das, wofür man sie auszugeben für gut findet) in einem Staate feierlich aufgenommen und anerkannt, wie das in Bayern der Fall, so können es nur leere Einwände und unstichhaltige Ausflüchte sein, welche man gegen den durch die ersten Principien des Rechtes geforderten Satz aufstellt, wonach man Allem, was zu Recht besteht, auch die Vorbedingungen seines eigenthümlichen Rechtes zugestehen muß. Am wenigsten erheblich sind aber Einwände wie dieser, als ob ja auch bisher die Kirche in Bayern ohne solche Freiheit bestanden; als ob man Beispiele genug anführen könne, wo man dem Staate Concessionen ähnlicher Art genug gemacht. Auf das Erste erwiedern wir, daß das „Siechthum und das allmälige Verderben", welches die Kirche nach den oben angeführten Worten des bayerischen Episcopates unter solchen Verhältnissen davonträgt, bei der allerdings starken Lebenskraft der Kirche nicht in dem ersten halben Jahrhundert schon vollendet und erfüllt ist. Auf das Zweite lautet die Antwort: Gewiß, die Kirche kann Concessionen machen an den Staat, so lange die unveräußerlichen Principien ihres göttlichen Rechtes nicht angetastet werden; und der heilige Stuhl, der allein die Vollmacht zu solchen Zugeständnissen besitzt, hat sie stets gemacht, wenn er das Heil der Kirche dadurch fördern zu können glaubte. Aber es sind das Zugeständnisse, welche die Kirche macht, oft beßwegen stillschweigend macht, weil ihr die irdischen Mittel fehlen, ihr gutes Recht vollkommen zur Geltung zu bringen. Es sind aber keine Rechte, welche der Staat gebieterisch fordern kann.*) Daß aber in der vor-

*) Solcher Art sind auch offenbar die Concessionen gewesen, welche den Churfürsten Bayerns in Beziehung auf geistliche Lehranstalten durch die kirchliche Autorität gewährt waren. Nicht um solche Concessionen der Kirche handelt es sich hier, sondern um die Frage, ob die Kirche in Bayern unfähig sei, ihre Priester selbstständig zu erziehen. Der Münchener Volksbote

liegenden Frage der heilige Stuhl nicht der Meinung ist, Zugeständ=
nisse machen zu können, das werden die Erörterungen über das baye=
rische Concordat zeigen, zu welchen wir jetzt schreiten.

---

schreibt hierüber den 25. November 1864 sehr richtig: „Wenn es heißt,
daß aus den früheren Studienplänen der kurfürstlichen Zeit, namentlich
von 1777 und 1784, als unbestreitbare geschichtliche Thatsache her-
vorgehe, daß „in Bayern von jeher (?) die Anordnung der theologi
schen Studien und die Ernennung der theologischen Professoren der Staatsgewalt vorbehalten war", so selbst dieser Satz von vorn herein schon eine
g r o ß e Beschränkung: denn erstens waren die bischöflichen Anstalten k e i n e
k u r f ü r s t l i c h b a y e r i s c h e, sondern eben Anstalten u n a b h ä n g i g e r
R e i c h s f ü r s t e n, und an diesen kann der Kurfürst von B a y e r n unmöglich Theologie-Professoren ernannt haben. Wie es in J n g o l s t a d t gehal-
ten war, ist uns allerdings nicht näher bekannt; aber wenn, wie es scheint,
dort der Kurfürst die Professoren ernannte, so hat er dies nur auf Grund
eines positiven Rechtstitels der Dotation und Gründung der Universität ge
than, und auch dann konnte die Mission, die T h e o l o g i e z u l e h r e n,
nicht von i h m, sondern nur von der K i r c h e ausgehen, oder von D e m,
der hiezu wieder eigens berechtigt war. Von einem „wesentlichen Hoheitsrecht", die theologischen Studien anzuordnen und die Theologie-Professoren
zu ernennen, kann daher um so weniger die Rede sein, als diese Lehre der
„wesentlichen Hoheitsrechte" in Kirchensachen von verhältnißmäßig s e h r
j u n g e m Datum ist, und gegenwärtig nur in den Köpfen einiger beschränkten Juristen, der liberalen Doktrinäre und auch der Schreiber der Bureau-
kratie spukt, aber kein Staatsmann und Rechtsgelehrter von Namen ernstlich
darauf eingehen möchte."

III.

Das bayerische Concordat und Religionsedict.

Wir haben im Vorigen hinlänglich nachgewiesen, daß die katholische Kirche das Recht der freien Lehre, sowie nicht minder der Erziehung und Bildung überhaupt, namentlich aber ihrer Geistlichen als ein ihr wesentliches, ursprüngliches, als ein unveräußerliches in Anspruch nehmen müsse — ein Recht, welches sie nicht usurpirt, oder von Menschen als Privilegium empfangen, sondern von Gott selbst im engsten Zusammenhange mit ihrer hohen Aufgabe erhalten hat. Entweder besteht daher die Kirche irgendwo in einem Staate — dann wird sie stets dies Recht behaupten; oder aber der Staat beraubt sie dieses Rechtes — dann kann sie eben nicht bestehen. Sie kann dann wohl ein kümmerliches Scheinleben noch einige Zeit lang fortführen; aber Staatskirche geworden, wird sie allmälig verknöchern und zur geistlosen todten Ceremonie und Formel werden. Die griechische Kirche in Rußland mit ihren Popen giebt darüber hinlänglichen Aufschluß.

So muß also auch im Königreiche Bayern die katholische Kirche als staatsgrundgesetzlich recipirte Religionsgesellschaft, grade durch diese feierliche Anerkennung, zugleich im Besitze jener Lehrfreiheit und namentlich des Rechtes sein, ihre Geistlichen selbst zu erziehen. Wird das geleugnet und der Kirche diese Freiheit abgesprochen, so hat die Anerkennung und Reception der Kirche in Bayern keinen Sinn. Denn eine Religionsgesellschaft anerkennen und ihren Bestand garantiren, zugleich aber die Grundbedingungen ihres Bestandes ihr versagen, ist ein unlösbarer Widerspruch. Dies bleibt eine unbestreitbare Wahrheit, welche dem gesunden Menschenverstand alsbald einleuchtend ist.

Nichts desto weniger hat aber in dieser Hinsicht die Kirche in Bayern außer jenem allgemeinen Rechtsgrunde einen besondern, welcher eben so fest auf dem bayerischen Staatsrechte fußt, als jener allgemeine in dem Wesen der Kirche und ihrem göttlichen Rechte unwandelbar beruht. Es ist dieß das Concordat.

Um Verträge recht zu verstehen, ist es in der Regel nothwendig, auf die Ursache.n derselben und auf die Absicht Jener zurückzukommen, welche den Vertrag abgeschlossen haben. So muß man auch, um den richtigen Standpunkt zur Beurtheilung des bayerischen Concordats zu gewinnen, die Geschichte der Entstehung dieses Vertrages zwischen Staat und Kirche im Königreich Bayern — denn nichts anders ist das am 5. Juni 1817 abgeschlossene Concordat — unbefangen in's Auge fassen.

Bald nach dem Beginne unseres Jahrhunderts hatte die unselige Säcularisation die katholische Kirche auch in Bayern verwüstet. Durch den Reichsdeputationshauptabschluß vom 25. Februar 1803, welcher eigentlich zwischen Frankreich, Rußland und Preußen vereinbart, und durch die außerordentliche Reichsdeputation nur redigirt wurde, waren bekanntlich vier Erzbisthümer (Mainz, Trier, Köln und Salzburg) und neunzehn Bisthümer (Brixen, Trient, Constanz, Basel, Augsburg, Freising, Passau, Eichstätt, Würzburg, Bamberg, Speyer, Straßburg, Worms, Hildesheim, Osnabrück, Paderborn, Lübeck, Fulda und Corvey), dann eine Menge von Collegialstiften, Abteien und Klöstern aufgehoben worden, und deren Güter, damals auf vierhundertzwanzig Millionen Gulden an Capitalwerth geschätzt*), den betreffenden Landesfürsten überwiesen. Die europäische Politik beabsichtigte mit diesem, nie vor der Gerechtigkeit zu verantwortenden, Gewaltstreiche die Entschädigung der deutschen Fürsten, wie sie sagte, für die Verluste auf dem linken Rheinufer, aber auch die Herstellung des gestörten Gleichgewichtes unter den Reichsständen Deutschlands. So geschah es, daß Bayern für einen Verlust von 186½ Quadratmeilen, 580,000 Seelen und 4,250,000 fl. Einkünften — eine Entschädigung von 290 Quadratmeilen, 854,000

---

*) Klüber, Uebersicht der diplomatischen Verhandlungen des Wiener Congresses.

Unterthanen und 6,607,000 fl. Einkünfte erhielt. Der Pabst prote=
stirte natürlich feierlich gegen diese Beraubung der Kirche, aber er=
folglos. Der nunmehr entstandene rechtslose Zustand der Verwir=
rung konnte nicht bleiben; die verwaisten Bischofsstühle mußten
wieder besetzt, oder durch andere ersetzt, der Friede mit dem hei=
ligen Stuhle, ohne welchen die katholische Kirche nicht bestehen
kann, wieder hergestellt werden. Zudem hatten die durch die Sä=
cularisation bereicherten Fürsten die Verpflichtung übernommen, vor
Allem mit dem ihnen zugefallenen Kirchengut für die
kirchlichen Bedürfnisse ihres Landes zu sorgen.

So war denn die Abschließung eines Concordates mit dem hei=
ligen Stuhle keine Sache besonderer Gunst und Wohlwollens gegen
die Kirche; sondern vielmehr Sache der Gerechtigkeit, wollte
man das der Kirche zugefügte Unrecht nicht noch vergrößern und
verlängern. Es war Sache der Nothwendigkeit für den Staat;
denn er bedurfte für seine katholischen Unterthanen des Friedens mit
der Kirche; er bedurfte die Herstellung einer kirchlichen Ordnung,
wenn er sich nicht die größte Verantwortung bezüglich der Katho=
liken des Königreiches zu Schulden kommen lassen wollte.

In dem in solcher Weise zu Stande gekommenen bayerischen
Concordate wurde deßhalb zwischen dem heiligen Stuhle und der
Krone Bayerns alles das feierlich festgesetzt, was zur Herstellung
der kirchlichen Ordnung in dem Königreiche nothwendig war. Der
Krone wurden dabei große Vorrechte eingeräumt, welche sie wie
z. B. die Ernennung der Bischöfe lediglich auf den Grund
des Concordates anzusprechen hat, nachdem ihr diese Privilegien
durch die einzige dazu befugte Autorität, den heiligen Stuhl zu Rom,
sind übertragen worden. Dagegen wurden auch die wesentlichen
Rechte der Kirche gehörig gewahrt, und namentlich auch jenes
Recht, welches wir unter dem Namen Lehrfreiheit zusammenfaßten.

Der Artikel V. des Concordates lautet nämlich in deutscher
Uebersetzung *) so:

---

*) Die der bayerischen Verfassungsurkunde beigefügte Uebersetzung ist
officiell, denn sie wurde von der Staatsgewalt publicirt; aber sie ist
nicht authentisch, denn sie wurde nicht mit dem heil. Stuhle vereinbart.
Es ist lehrreich zu vergleichen, wie in jener nicht authentischen Uebersetzung
vielfach die Ausdrücke in auffallender Weise abgeschwächt sind.

„Jeder Diözese sollen die bischöflichen Seminarien erhalten und
„mit einer hinreichenden Dotation in Gütern und sichern Fonds
„versehen werden; in jenen Diözesen aber, wo sie fehlen, sollen sie
„ohne Verzug gleichfalls mit einer Dotation in Gütern und sichern
„Fonds gegründet werden. In die Seminarien aber werden die
„Jünglinge aufgenommen und nach der Vorschrift des heiligen Con=
„ciliums von Trient gebildet und unterrichtet werden, welche die Erz=
„bischöfe und Bischöfe nach dem Bedürfnisse oder Nutzen der Diö=
„zese zur Aufnahme tauglich erachten. Die Ordnung, Lehre,
„Leitung und Verwaltung dieser Seminare werden der
„Autorität der Erzbischöfe und Bischöfe mit vollem
„freien Rechte gemäß der kanonischen Bestimmungen
„unterworfen sein."

„Auch die Rectoren und Professoren der Seminarien werden
„von den Erzbischöfen und Bischöfen ernannt, und so oft es von
„ihnen als nothwendig oder nützlich erachtet wird, entfernt werden."

„Da es den Bischöfen obliegt, die Glaubens= und Sitten=
„lehrer zu überwachen, so werden sie in der Ausübung dieser
„Amtspflicht auch bezüglich der öffentlichen Schulen in keiner Weise
„behindert werden."

Wer unparteiisch und unbefangen, ohne sein Rechtsgefühl durch
irgend welches Vorurtheil bestechen zu lassen, diese Stipulationen
des Artikels V. des Concordates liest, der kann über das Recht
der Kirche, wie es im Concordate verbrieft ist, und über die Befug=
niß des Hochwürdigsten Herrn Bischofs zu Speyer, das theologische
Studium in seinem Seminare zu vervollständigen, nicht lange im
Zweifel sein.

In jeder Diözese — so ist die Krone Bayern mit dem heiligen
Stuhle übereingekommen — sollen bischöfliche Seminarien bestehen.
Die Ordnung derselben, Lehre und Schulplan, Leitung und
Verwaltung derselben ist ausschließlich Sache des Bischofs.
Er ernennt die Rectoren und Professoren nach freiem Ermessen; er
entläßt sie. Ihm allein steht die Entscheidung über die Aufnahme
in diese geistliche Anstalt zu, sowie er es auch nach kirchlichem Rechte
und gemäß Art. XII. b. des Concordates allein ist, welcher entschei=
det über die Fähigkeit und Würdigkeit zum Empfange der heiligen
Weihen.

Wir fragen: Können solche klare Worte eines Vertrages an=
ders verstanden werden? Kann und darf sie ein Bischof der katho=
lischen Kirche anders auslegen? —

Und dennoch werden diese Anforderungen gestellt; dennoch ver=
sucht man seit Jahren über diesen einfachen bestimmten Wortlaut
durch unbewiesene und nie zu beweisende Voraussetzungen und durch
künstliche Systeme hinauszukommen, welche ihre rechtliche Unhalt=
barkeit nach allen Seiten hin zur Schau tragen.

Zuvörderst will man behaupten, die bayerische Staatsgewalt
habe den Art. V. des Concordates nur von einjährigen Semi=
narskursen verstanden wissen wollen und stets verstanden — eine
Behauptung, welche jedenfalls von sonderbaren Regeln der Inter=
pretation der Verträge ausgeht.

Denn nicht nur, daß dieser Art. V. kein Wort von diesem
einjährigen Seminarskurse besagt, sondern er erklärt auch aus=
drücklich, daß die Bildung und der Unterricht in den Seminarien
nach der Vorschrift des heiligen Conciliums von Trient
anzuordnen sei. Was schreibt nun jene heilige Kirchenversammlung
in dieser Beziehung vor? Es kann darüber kein Zweifel sein;
denn das Concilium verfügte über die Gründung und Errichtung
von geistlichen Seminarien nur in dem bekannten 18. Capitel des
Reformationsdecretes seiner XXIII. Sitzung. Dort spricht es aber
nicht nur nicht von einjährigen Seminarien, sondern es will
sogar, daß die Knaben schon mit zwölf Jahren in das Seminar
eintreten, und in einem solchen verbleiben sollen, bis sie zu Priestern
herangebildet sind.

Was hatte also der eine Contrahent des Concordats, Bayerns
bevollmächtigter Minister, im Sinne, als er sich zu der Aufnahme
der Worte herbeiließ: ad normam Sacri Concilii Tridentini —
nach der Vorschrift des heiligen Conciliums von Trient? Wäre
die oben bezeichnete Meinung richtig, so müßte der bevollmächtigte
Minister entweder das Tridentinische Decret nicht gekannt oder
dem Grundsatze gehuldigt haben, man treffe in Verträgen Bestim=
mungen, welche man nicht zu halten gedenke. Beides wagen wir
von einem Stellvertreter Bayerns in einer so wichtigen Angelegen=
heit nicht anzunehmen.

Die Sache verhält sich vielmehr so. Der edle König von

Bayern, Max Joseph, hatte den redlichsten, wohlwollendsten Willen, der Kirche, die so schwere Unbilden erduldete, gerecht zu werden. Aber eine kirchenfeindliche Beamtenpartei wagte es, den großmüthigen königlichen Absichten offener und versteckter entgegen zu wirken. So wollte man auch mit aller Gewalt eine andere Fassung des Artikels V. im Concordate. Aber der heilige Stuhl widerstand; er wollte es lieber auf das gänzliche Scheitern des Concordates ankommen lassen, als den Principien des göttlichen Rechtes in der Kirche auch nur im Geringsten zu vergeben. So blieb der V. Artikel stehen, und gerade, daß er trotz des Widerspruches des bayerischen Staatsministeriums stehen blieb, beweist, wie er verstanden sein muß.*)

Dies kann zur einstweiligen Aufklärung über den Gang der Concordatsverhandlungen genügen. Fährt man fort, auf die Geschichte des Concordats zu pochen, so fordert man heraus, die ganze Geschichte des Concordates bekannt zu machen, und das katholische Volk gründlich darüber aufzuklären, in welcher namenlosen schmählichen Weise man gegen den Willen des besten Königs die katholische Kirche und den heiligen Stuhl bei diesen Verhandlungen behandelt — ja mißhandelt hat.**)

Wie aber der heilige Stuhl damals den Artikel V. des Concordates verstanden hat, so hat er ihn stets verstanden bis auf den heutigen Tag, und das oft genug ausgesprochen. „Seminare nach der Vorschrift des h. Conciliums von Trient" — das war und ist die stete Mahnung, die immer wiederholte Forderung des heil. Stuhles gewesen bis herab zu der Antwort, welche

---

*) Vergleiche darüber die trefflichen, die gegnerische Behauptung vernichtenden Auseinandersetzungen im Mainzer Journal: „Beiträge zum bayerischen Staatskirchenrecht IX.", Nr. 226, 26. Nov. 1864; und den Volksboten Nr. 269, 25 Nov. 1864.

**) Man braucht nur die am 7. Sept. 1817 an die bayerische Gesandtschaft ergangene Instruktion zu lesen, worin unter Anderm die Absicht ausgesprochen ist, nicht an die wörtliche Auslegung des Concordates gebunden zu sein — um sich davon zu überzeugen, wie man mit der Kirche verhandelte. Wir machen dringend auf die Schrift „Concordat und Constitutionseid der Katholiken in Bayern" (Augsburg 1847) aufmerksam, welche die quellenmäßige Geschichte des Concordates enthält.

Pius IX. kürzlich den Erzbischöfen und Bischöfen Bayerns auf die zu Bamberg ihm zugegangene Adresse ertheilte. Dabei ist Pius IX., wie es Gregor XVI. gewesen war, der entschiedenen Ansicht, daß auf der unbedingt freien bischöflichen Leitung dieser Se= minare, namentlich auch, was die Ernennung der Professoren betrifft, bestanden werden müsse. —

Aber das Religionsedict, jene zweite Beilage zur Verfas= sungsurkunde Bayerns? — Es steht theilweise mit dem Concor= date im directen Widerspruche und läßt sich mit ihm nicht verein= baren. Aber es ist auch, insoweit es mit dem Concordate im Widerspruche steht, von der katholischen Kirche niemals als sie und ihre Glieder bindend anerkannt worden. Man übergeht jetzt aller= dings gerne in unsern Tagen, wo man die exacte Geschichtsfor= schung so hoch hält, die historische Thatsache, daß alsbald nach dem Erscheinen der Verfassungsurkunde und des Religionsedictes die ka= tholische Kirche, Pabst und Bischöfe, gegen das Religionsedict, als unvereinbar mit den heiligsten Rechten der Kirche, protestirten. Aber es ist dem so, und wir müssen das dem kurzen Gedächtnisse Mancher zurückrufen: **Von Anfang an hat die Kirche gegen das Reli= gionsedict protestirt.** Zur Beruhigung der Gewissen der Katho= liken hat daher auch König Max Joseph am 15. September 1821 jene allerhöchste Erklärung gegeben, welche über die königliche Willens= absicht des Monarchen, der die **Verfassung** gab und das **Con=** **cordat** abschloß, keinen Zweifel übrig läßt.*)

*) Allerhöchste Verfügung, das Concordat und den Constitutionseid in Bayern betreffend. Tegernsee, den 5. September 1821. Maximilian Jo= seph ꝛc. ꝛc. „Nachdem die wichtigsten Anstände, welche bisher den Vollzug „des mit dem päpstlichen Stuhle unterm 5. Junius 1817 abgeschlossenen und „von Uns unterm 24. October des nämlichen Jahres ratificirten Concordates „verzögert haben, nunmehr beseitigt sind, so ist es Unser Wille, daß „dasselbe in allen seinen Theilen in volle Ausübung ge= „bracht, und daß hiernach der Publication und Vollziehung der zur Aus= „führung der Circumscription der neuen Diözesen in Unserm Königreiche „unterm 1. April 1818 ergangenen Bulle, welche anfängt mit den Worten: „Dei ac Domini nostri Jesu Christi, nebst den darauf sich beziehenden Exe= „cutions-Dekreten des für dieses Geschäft von Sr. Päpstlichen Heiligkeit „an Unser Hoflager in der Person des Herrn Franz Serra, aus dem her= „zoglichen Geschlecht Cassano, Erzbischofes von Nicäa, abgeordneten apostoli-

3

Wir kennen allerdings die aller Gerechtigkeit Hohn sprechende Theorie, wonach man das Concordat lediglich als Staatsgesetz betrachten will, und durch die übrigen Verfassungsgesetze beschränken läßt, während man die Vertragsseite des Concordates in das Völkerrecht verweist, auf dessen Gebieten man den Treubruch wahrscheinlich für erlaubt erachtet, wenn er nicht sofort von dem mächtigeren Gegner gezüchtiget wird. Wir kennen die mit dem Anscheine gründlicher juristischer Bildung und gewissenhafter Loyalität aufgestellten Behauptungen, als sei der Souverän Bayerns, nachdem er die Verfassung ertheilt, nicht mehr befugt, zu erklären, in welchem Sinne er die Verfassung erlassen und das Concordat abgeschlossen. Wo der leidenschaftliche Haß, die principielle Abneigung gegen Alles, was Kirche heißt und kirchlich ist, zum Ausgangspunkte staatsrechtlicher Erörterungen über die Kirche und ihre Rechte wird, da läßt sich das Unglaublichste erwarten. Diese Art und Weise, wie man die Stellung des Concordates zu den übrigen Verfassungsgesetzen aufzufassen sich erlaubt, giebt dafür den entsprechenden Beleg zur Hand. Unsere innigste Ueberzeugung ist es, daß noch nie von rabulistischen Handwerkern im Rechtsfache eine schmachvollere und alles Recht und

„schen Nuntius kein weiteres Hinderniß gesetzt werden soll. Zugleich fü-
„gen wir zur Beseitigung aller Mißverständnisse über
„den Gegenstand und die Beschaffenheit des von Un-
„sern katholischen Unterthanen auf die Constitution
„abzulegenden Eides die Erklärung bei, daß, indem
„Wir Unsern treuen Unterthanen die Constitution
„gegeben haben, Unsere Absicht nicht gewesen sei, den
„Gewissen derselben im Geringsten einen Zwang an-
„zuthun; daß daher nach den Bestimmungen der Con-
„stitution selbst der von Unsern katholischen Unter-
„thanen abzulegende Eid lediglich auf die bürgerlichen
„Verhältnisse sich beziehe, und daß sie dadurch zu
„Nichts werden verbindlich gemacht werden, was den
„göttlichen Gesetzen oder der katholischen Kirchensatzung
„entgegen wäre. — Auch erklären Wir neuerdings, daß das
„Concordat, welches als Staatsgesetz gilt, als solches
„angesehen und vollzogen werden soll, und daß allen Be-
„hörden obliege, sich genau nach seinen Bestimmungen zu
„achten.“

alle Rechtswissenschaft mit mehr Mißachtung zu Füßen tretende Interpretation versucht worden ist, als jene berüchtigte bezüglich des bayerischen Concordates.*)

*) Einen solchen Versuch geißelt das Mainzer Journal vom 8. Dez. 1864 unter der Ueberschrift: Neueste Rechtsgelahrtheit.

Hören Sie, wie sich am 12. November jüngsthin ein neuer Ulpian in dem „Pfälzer Kurier" über die Rechtsfrage vernehmen läßt, nachdem er, was wir billig übergehen, die oberhirtliche Stelle in einer Sprache angreift, welche heutzutage nur mehr gegen die katholische Kirche ungeahndet bleibt.

„Dieser ultramontane Hochmuth — so läßt sich unser Ulpianus artig vernehmen, — wärmt wieder die alte kirchenrechtliche Streitfrage auf, ob das Concordat durch das Verfassungsgesetz beschränkt werden könne, oder nicht. Die allgemeine Rechtsregel steht aber fest, daß ein älteres Gesetz durch ein neueres sogar aufgehoben, geschweige denn beschränkt zu werden vermag. Das neuere Religionsedikt hat eben einfach das ältere Concordat beschränkt. Daher heißt es auch in Pözl's Lehrbuch des bayerischen Verfassungsrechtes S. 28: Die Verfassungsurkunde mit ihren Beilagen und Anhängen hebt alle entgegenstehenden früheren Gesetze und Verordnungen auf. Das Concordat wurde zwar gleichzeitig mit der Verfassungsurkunde publicirt, allein es trägt ein älteres Datum, als die letztere.

In diesen wenigen Zeilen ist eine rabulistische Escamotage enthalten, gegen welche alle „Geschwindigkeiten" eines Bosco in Nichts verschwinden. Die Rechtsregel steht allerdings fest, daß das jüngere Gesetz das ältere aufhebe Wie paßt aber diese Rechtsregel auf ein Concordat, hier auf das bayerische? Dieses ist zuvörderst kein eigentliches Gesetz, das ein Souverän seinem Volke gegeben hat, sondern vielmehr ein Vertrag, hier zwischen dem Könige von Bayern und der Kirche. Allerdings hat dieser Vertrag (der von einem der Paciscenten nicht einseitig gelöst oder alterirt zu werden vermag) auch für das Königreich Bayern die denselben nur noch mehr heiligende Natur eines Gesetzes, und zwar eines Staatsgrundgesetzes erhalten, da das Concordat als integrirender Theil der Verfassungsurkunde einverleibt worden ist. Als Vertrag zwischen Staat und Kirche datirt daher das bayerische Concordat vom 5. Juni 1817; als Gesetz des Königreiches vom 26. Mai 1818.

Was thut nun unser scharfsinniger Ulpianus in dem Pfälzer Kurier? Um jene alte Rechtsregel anwenden zu können, betrachtet er das Concordat von der Seite seiner Gesetzeseigenschaft; denn natürlich ein älterer Staatsvertrag kann durch ein späteres Staatsgesetz nicht aufgehoben werden. Aber als Gesetz ist das Concordat von gleichem Datum wie das Religionsedict, nämlich vom Datum der Verfassungsurkunde selbst — vom 26. Mai 1818 Also findet jene Rechtsregel hier keine Anwendung; denn es ist kein älteres „Gesetz" vorhanden. Große Juristen lassen sich aber durch solche Kleinigkeiten nicht irre machen. Wir haben ja das ältere Datum des Concordates

Nach den klaren Principien des Rechtes kann nur jene Theorie über das Verhältniß des Concordates zu den übrigen Verfassungsgesetzen, insbesondere zu dem Religionsedicte, die richtige sein, welche die eigentliche Natur des Concordates als Vertrages zwischen Staat und Kirche in gebührender Ehre hält. Am 5. Juni 1817 schloß der souveräne Monarch Bayerns mit dem Pabste einen feierlichen Vertrag ab über die Ordnung der Verhältnisse der katholischen Kirche in Bayern. Mit dem Augenblicke des Abschlusses dieses Vertrages waren beide Parteien, **wenn es anders noch ein Recht giebt auf Erden,** und die katholische Kirche nicht allein das Privilegium besitzt, als rechtslos behandelt zu werden, an die Stipulationen dieses Vertrages gebunden und konnten einseitig nicht mehr davon zurücktreten, nichts mehr daran ändern. Der Pabst konnte dem Könige von Bayern z. B. nicht mehr das ihm eingeräumte Privilegium bestreiten *), die Bischöfe zu den bayerischen Bischofsstühlen zu er-

---

als Staatsvertrages. Man benutzt daher kühn dies Datum; und damit ist die Sache abgemacht. Um also die Aufhebung des älteren Gesetzes durch das jüngere bewerkstelligt zu sehen, faßt man das Concordat als Gesetz; um aber das mangelnde ältere Datum zu kriegen, was jenes als Gesetz dem Religionsedikte gegenüber nicht hat, nimmt man das Datum des Vertrages.

Wir sehen, Bosco, der wunderbare Magus, könnte die Taschenspielerei nicht besser treiben.

Wie verhält sich also die Sache nach der Darstellung solcher Publicisten? Machen wir es in einem Gleichnisse deutlich.

Der Kaiser der Franzosen — setzen wir den Fall — geht einen Staatsvertrag mit der Türkei ein, worin er Algerien dem Sultan überläßt. Das geschähe im Jahre 1864 und der Vertrag würde als französisches Staatsgrundgesetz erklärt im Jahre 1865. Zugleich erläßt aber derselbe Kaiser dann ein feierliches Gesetz aus seinen Tuilerien, worin er eine Regentschaft für Algier bestellt.

Der einfache Menschenverstand würde sagen: Der Kaiser kann das Anno 1865 nicht mehr rechtskräftig thun; denn er hat 1864 sein Recht über Algerien der Pforte abgetreten.

Der elegante Jurist des Pfälzer Kuriers aber sagt: Nein! Das Staatsgrundgesetz von 1864 (welches gar nicht vorhanden) wird durch das Gesetz vom Jahre 1865 aufgehoben. Dabei berührt unsern Ulpian der Begriff und die Unverletzbarkeit eines Staatsvertrages blutwenig.

*) Nach gemeinem kanonischen Rechte haben die Domcapitel das Recht,

nennen; der König von Bayern konnte aber auch nachträglich keine einseitigen Verfügungen treffen, wodurch z. B. der Artikel V. des Concordates zum Nachtheil der Freiheit der Kirche beschränkt wird. Welch ein Schrei des Aufruhrs wäre durch ganz Bayern gegangen, wenn sich der Pabst erlaubt hätte, alsbald nach Abschluß des Concordates im Jahre 1818 ein Concil in Rom abzuhalten, und darin das dem Könige von Bayern als katholischem Fürsten zugestandene Privilegium der Ernennung der Bischöfe von gewissen Bedingungen abhängig zu machen und zu beschränken! Wie würde man von treulosem Vertragsbruche Roms, von einer arglistigen Umgehung eines feierlich beschworenen heiligen Vertrages gesprochen haben — und mit Recht! — Wie würde man darauf bestanden haben, daß diese einseitige römische Willkürlichkeit in sich nicht rechtsbeständig, null und nichtig sei, und dem wohlerworbenen vertragsmäßigen Rechte des Königs von Bayern keinen Eintrag zu thun vermöge! Was aber von dem einen Contrahenten des Concordates gilt, das gilt auch von dem andern. Auch der König von Bayern konnte gegen die wohlerworbenen, vertragsmäßigen Rechte der Kirche in Bayern nichts mehr einseitig und willkürlich vornehmen. Gab er ein Jahr später seinem Volke eine Verfassung, so war er als Souverän Herr über die Zugeständnisse, welche er seinen Unterthanen machen wollte; aber der Kirche gegenüber war er durch das Concordat vom Jahre 1817 gebunden, so wie er dem deutschen Bunde gegenüber durch die Bundesacte vom Jahre 1815 gebunden war, was Niemand leugnen wird.

Enthalten also die übrigen Verfassungsgesetze, unter welche vertragsmäßig (Art. XVIII.) das Concordat selber aufgenommen wurde, Bestimmungen, welche mit den letzteren nicht in Einklang gebracht zu werden vermögen, so entbehren diese der katholischen Kirche gegenüber aller Rechtskraft. Denn das vertragsmäßig stipulirte Recht der katholischen Kirche in Bayern kann einseitig durch die bayerische Gesetzgebung nicht beeinträchtigt werden.*)

den Bischof zu wählen. Daß in Bayern der König die Bischöfe ernennt, ist nichts weiter, als ein vom Pabste eingeräumtes Privileg.

*) Bezüglich der staatsgrundgesetzlichen Geltung des Concordates hat der Episcopat Bayerns in seiner Gesammteingabe vom 15. Mai 1863 die

Wer vermöchte diese einfachen klaren Rechtsgrundsätze zu bestreiten? Hebt man nicht alles menschliche Recht, alle Heiligkeit der Verträge und des gegebenen Wortes auf, wenn man mit Spitzfindigkeiten, wovor man erröthen sollte, die Anwendung dieser Rechts-

klare einfache Rechtslage constatirt. Dort ist auch jener Gesichtspunct dargestellt, von welchem aus das Concordat als specielles Gesetz den generellen Bestimmungen des Religionsedictes berogiren muß. „Was die dem Concordate angewiesene Stellung betrifft und die Unterscheidung zwischen dem Staatsgrundgesetze und seinen Beilagen einerseits und dem Concordate andererseits, wodurch das letztere offenbar zu niederer Bedeutung herabgesetzt wird, müssen die a. u. Unterzeichneten ebenso ehrerbietige als feierliche Verwahrung einlegen. Der apostolische Stuhl hat bei der Stipulation, daß das Concordat als Staatsgesetz beklarirt werden solle, die volle Unerschütterlichkeit des Concordates beabsichtigt und der hohe Geber der Verfassung hat es deßwegen als integrirenden Theil in die Verf.-Urk. aufgenommen, die er am Schlusse als Staatsgrundgesetz beklarirte; sonach kommt dem Concordate außer der wichtigen Prärogative eines Vertrages nicht blos die allgemeine Eigenschaft eines Staatsgesetzes, sondern die specielle und höhere Eigenschaft, Würde und Geltung eines Staatsgrundgesetzes, resp. eines Theiles des einen, vielfach gegliederten Staatsgrundgesetzes zu. Daß aber das Concordat ein integrirender Theil der Verf.-Urk. sei, geht aus folgenden Gründen hervor:

a. Der §. 9 des IV. Tit. der Verf.-Urk. schließt ausdrücklich in sich ein die Beilage II. und wird durch diese ergänzt; diese II. Beilage aber ergänzt sich selbst wieder laut ihres Schlußsatzes durch zwei Anhänge (deren einer das Concordat ist) mit den Worten: „In Ansehung der übrigen inneren Kirchen-Angelegenheiten sind die weiteren Bestimmungen in Beziehung auf die katholische Kirche in dem mit dem päbstlichen Stuhle abgeschlossenen Concordat vom 5. Juni 1817 und in Beziehung auf die protestantische Kirche in dem hierüber unterm Heutigen erlassenen eigenen Edicte enthalten." Demgemäß ist das Concordat ein integrirender Theil der II. Beilage, und diese selbst mit Einschluß des Concordates ein integrirender Theil des Staatsgrundgesetzes, dessen Würde und Geltung ihm zukömmt, weßhalb es denn auch in den amtlichen Ausgaben des Staatsgrundgesetzes publicirt ist.

b. Unmittelbar nach den beiden Anhängen, nicht vor denselben, steht in der amtlichen Ausgabe der Verf.-Urk. die Beitrittserklärung Sr. Majestät des Königs Ludwig, als damaligen Kronprinzen, d. b. München, 30. Mai 1818, worin Allerhöchstdieselben diese Urkunde als ein bindendes Staatsgesetz in allen seinen Theilen vollkommen anerkennen.

c. Bei allen ständischen Verhandlungen ist dem II. Anhang zur II. Beilage der Verf.-Urk. von der Krone wie von den Ständen die Geltung eines Staatsgrundgesetzes beigemessen worden. So bei den Verhandlungen der Kammer im Jahre 1848 über die protestantischen Generalsynoden und bei

principien auf Concordat und Verfassung Bayerns leugnet? Gilt überall der alte ehrenfeste Spruch: Ein Mann, ein Wort — nur nicht zwischen dem Pabste und dem Könige von Bayern? —*) Auch hier war es aber wiederum

Publication des betreffenden Gesetzes im Gesetzblatt von 1848, S. 150, wo sich ausdrücklich auf §. 7, Tit. X der Verf.-Urk. bezogen wird. Wenn aber das Edict bezüglich auf die protestantische Kirche evident als Staatsgrundsatz anerkannt worden ist: so muß offenbar für das die katholische Kirche betreffende Concordat dieselbe Geltung angenommen werden, wenn nicht die Rechte der bayerischen Katholiken auf's Empfindlichste verletzt werden sollen.

Nur der Unterschied findet zwischen dem Concordate und den übrigen integrirenden Theilen des Staatsgrundgesetzes statt, daß ersteres zugleich ein feierlicher, unverletzlicher Vertrag zwischen Sr. Majestät dem König und dem Oberhaupte der katholischen Kirche ist, welcher, wenn auch Krone und Stände über seine Aenderung einig wären, ohne Zustimmung des Pabstes nicht geändert werden kann. Die volle Kraft des Concordates als Vertrag datirt vom Tage seines Abschlusses, seine Geltung als integrirender Theil des Staatsgrundgesetzes vom 26. Mai 1818.

In wie weit das Concordat den übrigen Theilen des Staatsgrundgesetzes, namentlich der II. Beilage derogire oder nicht, ist eine Rechtsfrage, in welcher nur nach Rechtsprincipien entschieden werden kann. Zu den uralten, unbestrittenen, weil aus der Natur des menschlichen Denkvermögens geschöpften, in's canonische, wie in's bürgerliche Recht übergegangenen Rechtsregeln zählt der Satz: Lex specialis derogat generali. Nun ist die II. Beilage zur Verf.-Urk. (das Religions-Edict) im Vergleich zum Concordate das generelle Gesetz, welches die Rechtsverhältnisse der im Staate lebenden Religionsgenossenschaften überhaupt regelt; das Concordat hingegen das specielle Gesetz, welches die speciellen Rechte der im Staate lebenden Katholiken festsetzt. Es ist demnach rechtlich begründet, daß das Concordat der II. Beilage da derogiren muß, wo eine Collision beider Gesetze stattfindet. Hierzu kommt aber noch der Charakter des feierlichen Contractes, vermöge dessen es der Geber der Verfassung für sich moralisch und juridisch unmöglich gemacht hatte, die Verhältnisse der katholischen Kirche durch ein anderes nachfolgendes allgemeines Gesetz anders zu bestimmen, als dies durch das Concordat schon geschehen war. Wenn es daher der Geber der Verfassung für nöthig erachtet, das Verhältniß der verschiedenen, im Staate schon bestehenden oder in Zukunft aufzunehmenden öffentlichen Kirchengesellschaften zum Staate und unter einander zu regeln, so konnte er dies im Allgemeinen für andere Religionsgenossenschaften thun, nicht aber in einer dem Concordate widersprechenden Weise für die katholische Kirche, bezüglich welcher er schon so heilige Verpflichtungen übernommen hatte."

*) Allerdings scheint es eine moderne wissenschaftliche Behandlung dieser Frage zu geben, welche von andern Grundsätzen ausgeht. „Ob der König"

nicht der edel gesinnte König Max Joseph von Bayern, welcher den Vertragsbruch wollte, und die Heiligkeit des mit der Kirche eingegangenen Concordates antastete. Davon zeugen die aufrichtigen Eröffnungen, welche er nach Rom machen ließ, wo sie Papst Pius VII. im Consistorium vom 2. Oct. 1818 der ganzen katholischen Welt durch seine Allocution kundgab; dafür spricht klar und deutlich die oben angeführte allerhöchste Erklärung vom 15. September 1821. König Max Joseph wollte den Frieden mit der Kirche und erkannte, daß ein Unrecht zu sühnen sei, das ihr geschehen. Andere Pläne aber hatte eine mächtige, kirchenfeindliche Partei in Bayern. Sie mißbrauchte das Wohlwollen und das Vertrauen des Königs, und alles Rechtsgefühles baar, griff sie zu jeglichem Mittel, um die Knechtung der Kirche zur vollendeten Thatsache zu machen. Es gelang ihr nur halb. Aber was ihr ganz gelang, das ist die unselige Aussaat des Unfriedens und der Mißverständnisse, welche in der Auffassung des Verhältnisses zwischen Kirche und Staat in Bayern seither herrschen; was sie zu Stande brachte, das ist der rechtlose Zustand der Kirche, welche in Bayern seit bald einem halben Jahrhundert um vorenthaltene heilige Rechte bettelt; was sie erreichte, ist die Fortsetzung des ungeheuren Unrechtes, welches die Kirche durch die Säcularisation erfuhr. Auf jedem Unrechte liegt aber ein Fluch, und dieser Fluch mit all dem ihn begleitenden Verderben wird nicht von uns genommen werden, so lange nicht der Kirche ihr volles Recht und ihre ganze Freiheit wird.

Betrachtet man im Lichte dieses wahren Sachverhaltes die Ver-

---

— sagt das Lehrbuch des bayerischen Verfassungsrechtes von Pözl — „durch „diese Publication (des Concordates) der Verpflichtung, welche ihm der Ar- „tikel 18 des Concordates auferlegt, vollkommen genügt habe, ist „eine völkerrechtliche, keine staatsrechtliche Frage". Man staunt und zweifelt, ob man recht gelesen: aber es ist so. Also im Völkerrecht (und namentlich dem Volke Gottes, der Kirche, gegenüber) gelten andere Rechtsprincipien, als im Staatsrechte. Dort ist der Treubruch entweder erlaubt oder man hält es wenigstens für eine mäßige Abschweifung, die Frage zu untersuchen, ob denn, wenn nach Völkerrecht ein Vertrag gebrochen ist, der Vertragsbrüchige nichts desto weniger moralisch und juridisch fähig sei, nach Staatsrecht gegen den Vertrag zu handeln. Daß es die physische Gewalt des Mächtigeren kann, das zu beweisen, braucht man keine Lehrbücher zu schreiben.

fahrungsweise des Hochwürdigsten Herrn Bischofs von Speyer in
dem Seminarconflicte, so wird man sich leicht überzeugen, daß er
sich auf vollständig gesichertem Rechtsboden befinde. Er vertritt
ein von Gott, nicht von Menschen der Kirche verliehe-
nes, ihr wesentliches, ursprüngliches, und unveräußerliches Recht, welches zu vertreten und zu vertheidigen er die
apostolische Pflicht hat. Schon um deßwillen durfte er von der Fest-
haltung an diesem heiligen Rechte unserer Kirche nicht abstehen.
Dazu tritt aber der neue Rechtsgrund, welcher für die Kirche in
Beziehung auf dieses Recht im Art. V. des Concordates geschaffen ist.
Nach diesem Artikel hat die katholische Kirche in Bayern das Recht,
ihren Clerus selbstständig zu erziehen, nicht erst als eine Vergün-
stigung von der Staatsgewalt zu erbitten, sondern es ist
ihr vertragsmäßig garantirt, und dieser Vertrag hat nur noch
eine um so größere Sanction als er sogar als Staatsgrundgesetz anerkannt und verkündigt ist. Wenn ein Bischof des Königs-
reiches Bayern daher auf den Vollzug einer Stipulation des Concordats dringt, so tritt er im Namen der Kirche, mit welcher
der Staat contrahirt hat, auf. Er ist Bevollmächtigter des einen
der beiden Theile, welche den Vertrag abgeschlossen haben; und mit
diesem seinem Mandate, welches in seinem apostolischen Amte liegt,
tritt er der Weigerung des Staates entgegen, welcher den Vertrag
zu vollziehen zögert. — Es ist daher einleuchtend, daß es sonderbar
klingt, wenn man bei diesen Vertragsverhältnissen zwischen Staat
und Kirche von Unbotmäßigkeit und Ungesetzlichkeit im Vorangehen
des einen Theiles reden will. Der Hochwürdigste Herr Bischof von
Speyer erfüllte im angegebenen Falle nur eine ernste, ihm gewiß
schwer gewordene Pflicht. Aber jeder Schritt vorwärts in diesem
allerdings beklagenswerthen Conflicte mußte den Bischof nur be-
stärken in seinem ruhigen Ausharren. Denn immer klarer und
klarer wurde es, daß die bayerische Staatsregierung in fast unbe-
greiflicher Weise für die Anschauungen des neunzehnten Jahrhunderts und sein Dringen auf Freiheit für Jeden und für Alle — das
ausschließliche absolute Recht, geistliche Lehranstalten zu errichten und
deren Professoren zu ernennen, für sich in Anspruch nimmt. Das
kann und wird aber die Kirche niemals zugeben. Denn dieß widerstreitet — ihrem **Dogma**! —

Und welch ein besonderes bringendes Interesse, wenn nicht jenes, der Kirche den Platz der ohnmächtigen Klägerin anzuweisen, hat denn der Staat, welcher keinen Anstand nimmt, der Errichtung einer solchen Lehranstalt — welche von einem Bischofe als wesentliches unveräußerliches Recht festgehalten wird — beklatscht von der Presse des Aufruhrs und der Anarchie, mit Polizeigewalt aufzuheben: soferne, wie es hier der Fall ist, der Bischof erklärt, er werde ohne allen Verzug die Anstalt schließen, wenn die beiden hohen Vertragsparteien, die Krone Bayern und der heilige Stuhl, über den Artikel V. des Concordates, wie es im Art. XVIII. vorgesehen ist, sich anders vereinigt haben?*) Was büßt der bayerische Staat an Würde und Ansehen ein, wenn der Bischof von Speyer einige Alumnen mehr in seinem Seminare beherbergt und dafür Sorge trägt, sie zu würdigen Gliedern des priesterlichen Standes heranzubilden? Büßt dadurch Frankreich an seiner Machtstellung, büßt Belgien an seiner Verfassung etwas ein? Und welche Befürchtungen oder Anstände könnte man gegen die gewählten Professoren erheben, da man, wie verlautet, von Seite des Staatsministeriums dem Herrn Bischofe schon die Zusicherung gegeben, alle von demselben bezeichnete Professoren für ein zu Speyer am königl. Lyceum zu errichtendes theologisches Studium zu ernennen, ja sogar zugestanden, daß diese Lyceancandidaten im Seminare untergebracht werden sollten: wenn nur der Bischof von der selbstständigen Errich-

---

*) Dazu kömmt, daß es selbst vom Standpunkte des k. Staatsministeriums aus durchaus nicht unmöglich gewesen wäre, den billigen Ansprüchen des Hochw. Herrn Bischofs von Speyer gerecht zu werden. Man beruft sich auf das Religionsedikt und den §. 76, d, wonach organische Bestimmungen über geistliche Bildungsanstalten zu den sogenannten gemischten Gegenständen gehören. Was sagt aber §. 77? — Daß bei diesen Gegenständen von der Kirchengewalt ohne Mitwirkung der weltlichen Obrigkeit keine einseitigen Anordnungen geschehen sollen. Und nach §. 78 steht der Staatsgewalt die Befugniß zu, nicht nur von allen Anordnungen über diese Gegenstände Einsicht zu nehmen, sondern auch durch eigene Verordnungen dabei alles dasjenige zu verhindern, was dem öffentlichen Wohle nachtheilig sein könnte. Giebt es sonst ein einschlägiges Gesetz? Und widerstreitet in der That ein theologisches Studium am Speyerer Seminare dem öffentlichen Wohle? Und besteht nicht schon seit zwanzig Jahren eine solche Lehranstalt zu Eichstätt?

tung eines theologischen Stubiums absehe, und — was der heilige
Stuhl unerschütterlich festzuhalten gebietet — auf die
Ernennung der Professoren verzichte.*) Es gilt also dem Prin=
cipe. Man greift die apostolische Mission der Kirche an; man be=
streitet ihr, unter dem Jauchzen der rothen Republik, das
Recht des freien Unterrichtes, das Recht selbstständig ihren
Clerus zu erziehen. Wir wiederholen es: das wird die Kirche
nun und nimmermehr zugestehen. Sie wird es nicht und sie kann
es nicht. Denn dieser Anspruch des Staates tastet ihr
Dogma an.

*) Der Vorschlag des k. Staatsministeriums, am k. Lyceum eine theolo=
gische Section zu gründen, konnte vom Hochw. H. Bischof von Speyer nicht
angenommen werden. Denn er hätte dadurch unter den gegebenen Verhält=
nissen in den Grundsatz miteingestimmt, wonach die Bischöfe in Bayern ab=
solut unfähig sein sollen, selbstständige Lehranstalten zu errichten. —

IV

Andere Gesichtspunkte.

In den bisherigen Erörterungen haben wir dargethan, daß im Allgemeinen schon die Lehrfreiheit der Kirche im weitesten Sinne des Wortes in dem Wesen der Kirche dergestalt begründet ist, daß man der Letztern dieselbe nicht zu entziehen vermag, ohne zugleich sie selber und die Grundbedingungen ihres Bestandes anzugreifen. Sodann aber haben wir gezeigt, daß diese Freiheit und Selbstständigkeit der Kirche, namentlich in Bezug auf die Erziehung und Bildung der Geistlichen, im Königreiche Bayern eine staatsgrundgesetzliche, verfassungsmäßige Gewähr und Grundlage empfangen habe durch das Concordat. Nur jene grundsätzliche Geringschätzung fremden, wohlbegründeten Rechtes, welche in dieser Frage selbst im Gewande der Wissenschaft auftritt, kann ohne Weiteres an den von uns beigebrachten Argumenten vorübergehen. Auch die entschiedensten Anhänger der schrankenlosen Allgewalt des „Rechtsstaates" werden aber, wenn sie anders noch einen Rest von Billigkeit haben, zugeben müssen, daß ein Recht, welches mit solchen, aller Erwägung würdigen Gründen vertheidigt wird, in eingehender Weise müsse geprüft, und daß es um so zarter behandelt werden müsse, je mehr es auf das religiöse Gebiet hinüberreicht und die Gewissen berührt. Wir lassen die Frage offen, in wie weit Polizeigewalt am Platze sei, die jedenfalls nichts beweisen kann, aber in den polizeilich Behandelten, die nur ihr gutes, heiliges, höchstes Recht vertheidigen wollen, Gefühle zurückläßt, wie sie eine weise Staatsregierung nie heraufbeschwören sollte; wie sie ein gerechtes Regiment — und darauf hoffen wir, und das setzen wir voraus — alsbald zu sühnen bestrebt ist.*)

---

*) Wir erfahren, daß Pfälzer Juristen die Competenz der Polizei, in einem solchen Falle zwangsweise die Schüler einer Anstalt zu entfernen, durchaus bestreiten.

Wir würden übrigens unsere Aufgabe nicht ganz gelöst und den wichtigen Gegenstand nicht gehörig beleuchtet haben, wenn wir nach dieser Erörterung der Rechtsgründe nicht auch noch auf die Gründe der Zweckmäßigkeit und der Nothwendigkeit näher eingingen, welche für die Eröffnung eines theologischen Studiums am Clerical-seminare zu Speyer sprechen. Wir sind dazu um so mehr ver-pflichtet, als man gerade das Zeitgemäße des Vorangehens unsers Hochwürdigsten Herrn Bischofs vielfach in Frage gestellt und den Vorwurf erhoben hat, als hätte man, nach allen Richtungen hin betrachtet, keinen ungünstigeren Zeitpunkt wählen können.

Wer wie unser Hochwürdigster Oberhirte seit Jahren — was schon die bauliche Erweiterung des Seminares in monumen-taler Weise beurkundet — den Entschluß gefaßt hat, einer Vor-schrift der letzten allgemeinen Kirchenversammlung und den wieder-holten Mahnungen des heiligen Vaters zu genügen, und zur con-cordatsmäßigen Ergänzung seines Seminars zu schreiten; wer wie unser, sein Amt gewissenhaft führender Bischof, nachdem er länger als zwei Jahre vergeblich auf eine Antwort von Seiten der Staatsregierung gewartet,*) endlich Anstalten zur Ausführung eines Werkes trifft, welches er mit Recht als einen Hauptgedanken und eine leitende Aufgabe seines ganzen priesterlichen und bischöf-lichen Lebens bezeichnet hat: der mag die hämischen Bemerkungen, welche der blöde Unverstand und der blinde Parteihaß gegen sein Unternehmen ausgesprochen hat, im Bewußtsein treuer Pflicht-erfüllung gerne hinnehmen. Jedem Unbefangenen aber muß es klar sein, daß der Herr Bischof von Speyer nicht in überstürzter Eile einen günstigen Augenblick zu erhaschen wußte, um seine Pläne zu verwirklichen; sondern daß er, nach jahrelanger Vorberei-tung und nach reiflicher Erwägung aller Umstände, am Abende seines Lebens, wie er selbst sich ausgedrückt hat, noch den Grund

---

*) Und doch erkannte die Staatsregierung, so wie der Hochw. Herr Bi-schof selbstständig voranging, sofort das dringende Bedürfniß einer solchen Lehr-anstalt für die Diözese Speyer an. Nur muthete sie dann dem Bischofe zu, er solle sich in unbedingter Mißachtung der Weisungen des heiligen Stuhles, welche ihm abermals im October dieses Jahres zugingen, bei Errichtung einer königlichen Anstalt betheiligen.

einer Anstalt zu legen gedachte, welche ihm von dem Wohle seiner geliebten Diözese so ernst gefordert erschien. *)

Aber noch ein anderer, allgemeinerer Gesichtspunkt des Zeitgemäßen ist hier zu besprechen, und dieser erscheint von größerer Tragweite, als die eben berührten Anschuldigungen. Diese letzteren machen ja nur einen kleinen, kaum beachtenswerthen Bruchtheil aller jener Anklagen und Verläumdungen aus, mit welchen man von einer gewissen Seite her in den jüngsten Tagen gegen die Bischöfe Bayerns so freigebig ist, daß man sich sogar erkühnt, ihnen, den Trägern aller kirchlichen, wie staatlichen Ordnung, Eibbrüchigkeit gegen die gesetzte Obrigkeit vorzuwerfen. **)

Es ist dieß jener Gesichtspunkt, von welchem aus die Seminarsbildung überhaupt als nicht mehr zeitgemäß erscheinen soll. Man will die Jugend frei wissen. Mit freier Selbstbestimmung soll sie sich den bildenden und erziehenden Elementen der Wissenschaften zuwenden; mit freier, selbsterprobter Tugend soll sie, in die Welt hinaus entlassen, allen Gefahren mit reiner Stirne Trotz bieten. Man geht dabei so weit, daß man der Jugend die Versuchungen fast herbeiwünscht, damit sie, wie man meint, aus denselben siegreich hervorzugehen vermöge. Bei einigem Nachdenken muß man aber erkennen, wie solche Lebensmaximen — um von Anderem nicht zu sprechen — in einen ganz bedenklichen Widerspruch mit der sechsten Bitte treten, welche uns der Mund der göttlichen Wahrheit selber zu beten gelehrt hat. Während wir — wir sprechen zu Christen und nicht zu Ungläubigen — täglich flehen, daß wir der

---

*) Ein Blick in die Verhandlungen, welche vom bayerischen Episcopate mit der k. Staatsregierung schon seit der Freisinger Conferenz im Jahre 1850 geführt worden sind, beweist hinlänglich, daß die Eröffnung des Speyerer Seminars kein Unternehmen war, welches als ein unvorbereitetes bezeichnet werden könnte. Siehe diese höchst interessanten Actenstücke im Archiv für kath. Kirchenrecht, 1862, zweiter Band, drittes Heft.

**) Kein Bischof, kein Geistlicher, strenge genommen, auch kein katholischer Laie des Königreiches legt den Verfassungseid als Staatsbürger anders ab, als unter dem Vorbehalt der kirchlichen, namentlich im Concordate vereinbarten Rechte. Das geht klar aus der Erklärung Königs Max Joseph vom 15. September 1821 hervor. Wie kann man es verantworten, in öffentlichen Besprechungen diese Thatsache zu ignoriren und das Volk irre zu führen?

Versuchungen enthoben sein möchten, weil wir unsere Schwäche erkennen: halten wir es für eine der Grundlagen der Jugendbildung, gerade die Jugend der Versuchung und der Gefahr der Welt zu überantworten. „Der junge Mann muß die Welt kennen lernen, er muß selbstständig werden" — lautet das Axiom, dem heute zu Tage kaum Jemand zu widersprechen, oder die gehörige Beschränkung beizufügen wagt. Aber dennoch bleibt jener Satz nur theilweise wahr; unbedingt angenommen enthält er eine gefährliche Uebertreibung, deren heillosen Erfolg so mancher Vater, so manches gebrochene Mutterherz an dem verlorenen Sohn mit bittern Thränen beweint. Was für besonders glücklich angelegte Charaktere als ein Vortheil anzuerkennen ist — das selbstständige, jugendliche Ringen mit der Welt, ihren Gefahren, Verlockungen und Hindernissen — das ist unbestreitbar für die Mehrzahl der Jünglinge verderblich. Regeln und leitende Grundsätze statuirt man aber überhaupt nicht für die Ausnahmen, für die besondern Fälle, sondern für das Ganze und Allgemeine. Namentlich muß aber auf pädagogischem Gebiete das Experimentiren mit solchen nicht für alle Erziehungsbedürftige in gleicher Weise anwendbaren Axiomen als ein höchst gewagtes, kaum zu verantwortendes Unternehmen erscheinen.

Es ist hier nicht der Platz, diesen Gedanken erschöpfend auszuführen. Aber wir glauben auch genug erreicht zu haben, wenn wir entgegen der in unserer Zeit weltläufigen und fast mechanisch von Tausenden nachgesprochenen Ansicht über die absolute Zweckmäßigkeit der Selbsterziehung der Jugend (denn darauf kommt es denn doch hinaus) auf den Widerspruch aufmerksam machen, welche die christliche Moral, die ganze Auffassung des Menschen und seines geistigen Fortschrittes im Lichte des Christenthums, und dann nicht minder die offen vorliegende traurige Erfahrung so vieler Aeltern dagegen erhebt.

Was insbesondere aber die Orientirung der Katholiken über die wichtige Frage nach der Zweckmäßigkeit der Seminarsbildung der Geistlichen betrifft, so haben wir wohl nur nöthig, auf das hinzuweisen, was unsere heilige Kirche darüber auf ihrer letzten öcumenischen Synode ausgesprochen hat. Dabei zweifeln wir nicht daran, daß man von Seiten der Katholiken gehörig darüber aufgeklärt sei, welch ein erhabenes Denkmal der wahren Glaubenslehre, der reinften Moral und der entschiedensten Disciplin sich unsere Kirche in dem Concilium von Trient aufgerichtet hat.

Welches aber sind die Beweggründe, wodurch die Väter des Concils bestimmt wurden, sich in eingehender Weise über die Gründung und Einrichtung der geistlichen Seminare auszusprechen? Sie haben diese Motive selber angegeben.*) Ihre Erfahrung, welche die mehr als tausendjährige Erfahrung der Kirche selbst ist, geht dahin, daß überhaupt die Jugend, wenn sie nicht recht geleitet wird, den verderblichen Lockungen der Welt sich zuneige; daß aber insbesondere, soferne nicht vom zarten Alter an Frömmigkeit und Religiosität gepflegt wird, bevor der Hang zu den schlimmen Gewohnheiten und Lastern sich der Herzen ganz bemächtigt hat, niemals die rechte kirchliche Zucht in vollkommener Weise in den Gemüthern befestigt werde. Ja die heilige Synode fügt hinzu, daß in solchem Falle fast nur durch besondere göttliche Gnade die standhafte Bewährung in der kirchlichen Disciplin hervorgebracht werden könne. Deßhalb bestimmten die ehrwürdigen Väter des Concils, daß die Knaben schon mit zwölf Jahren in die Diözesanseminare aufgenommen werden und in solchen verbleiben sollen, bis sie zu den höhern Weihen gelangt, in den Dienst der Kirche entlassen werden.

Mehr Erfahrung als die heilige Kirchenversammlung, mehr Weisheit und mehr Klugheit als sie, nimmt doch wohl kein Katholik für sich in Anspruch. Als Ironie aber müßte der Einwurf aufgenommen werden, als ob etwa heut zu Tage die Verhältnisse des Lebens andere geworden seien. Die politischen, die mercantilischen, die industriellen und socialen Verhältnisse — ja, sie sind andere geworden. Aber die moralischen Verhältnisse, die menschlichen Herzen im Kampfe mit den Leidenschaften, es sind die alten. Da tönt uns von der Schwelle des verlorenen Paradieses das uralte Wort entgegen, welches Gott dem ersten Mörder war-

---

*) Con. Trid. Sess. XXIII de ref. cap. 18. Cum adolescentium aetas, nisi recte instituatur, prona sit ad mundi voluptates sequendas; et nisi a teneris annis ad pietatem et religionem informetur, antequam vitiorum habitus totos homines possideat, nunquam perfecte ac sine maximo ac singulari propemodum Dei omnipotentis auxilio in disciplino ecclesiastica perseveret: sancta Synodus statuit etc.

nend in die Seele sprach: „Erhältst Du nicht, wenn Du Gutes
„thust, Entgeltung? Wenn aber Böses, ist nicht sofort die Sünde
„vor der Thüre? Doch unter dir sollte ihr Gelüsten sein, und
„Du solltest über sie herrschen“. Und seufzend anerkennen wir den
uralten Kampf in unserem eigenen Herzen; und dieses Herz be-
stätigt es, daß gerade die Jugendzeit es ist, wo dieser Kampf am
heißesten entbrennt.

Aber bieten etwa denn nicht die Universitäten der studierenden Jugend mehr, als Seminarien mit ihren beschränkten Lehr-
kräften und oft ärmlichen sonstigen wissenschaftlichen Mitteln bieten
können? Ehe wir die Antwort auf diese Frage geben, bedarf es
einer Verständigung über die Aufgabe der Universitäten. Sie ist
offenbar eine doppelte. Die Universitäten sind Hochschulen, sie
sind aber auch die eigentlichen Sitze der höhern Wissenschaft-
lichkeit, Collegien, in welche jene Männer gezogen werden, die
ihren hervorragenden Beruf zur Pflege der Wissenschaft hinlänglich beurkundet haben. So wird durch die Gesammtheit der an
einer Universität vertretenen Disciplinen, durch die Berührung, in
welche die Träger derselben gegenseitig treten, ein geistiges Leben
und Streben zur Entfaltung gebracht, oder kann sich wenigstens
entfalten, wo sich die eigentlichen Brennpunkte der Wissenschaft bilden. Die Universitäten, von dieser Seite, als Pflanzstätte der
Wissenschaft betrachtet, haben mit unserer Frage nichts zu thun.
Ihre Zweckmäßigkeit, ihre Nothwendigkeit, ihre erhabene Stellung
in dieser Beziehung wird Niemand in Abrede stellen oder verklei-
nern, welcher überhaupt Sinn für die geistigen Interessen der
menschlichen Gesellschaft fühlt. Am wenigsten werden wir Katholiken es thun. Denn es bleibt der hohe unsterbliche Ruhm unserer
Kirche, die Gründerin und Pflegerin dieser Universitäten zu sein.
Tief müßten wir aber namentlich jeden deutschen Staat beklagen,
welcher diese academischen Anstalten aufzugeben vermöchte, und damit dem wissenschaftlichen Aufschwunge eine tödtliche Wunde versetzte.

Aber ganz anders verhält es sich offenbar mit den Universitäten als Schulen, welche von der classisch gebildeten Jugend be-
sucht werden, um sich die theoretische Vorbildung für den practischen
Beruf anzueignen. Wir wissen nicht, ob wir ernstliche Gegner haben, wenn wir hier die Behauptung aufstellen, daß die gegenwär-

4

tigen Hochschulen diesem ihrem Zwecke sehr unvollkommen, nicht
selten gar nicht entsprechen. Wenigstens glauben wir unter beson=
nenen einsichtsvollen Männern, welche einstens auch die Universi=
tät frequentirten, und jetzt im Staatsdienste Practiker geworden sind,
kaum Einzelne zu finden, die, noch ganz eingenommen von den
fröhlichen, oft von genialen Studentenstreichen gewürzten academi=
schen Semestern, sich nicht darüber klar geworden wären, daß die
jetzige Universitätseinrichtung für das eigentliche practische Studium
Vieles, ja fast Alles zu wünschen übrig lasse. Unsere Hochschulen
mit ihren Vorlesungen sind auf Zuhörer eingerichtet, welche nach
gründlicher klassischer Vorbildung, geleitet vom begeisterten wissen=
schaftlichen Drange, sich zunächst mit allem Eifer dem gründlichen
Studium der Philosophie widmen, und nachdem dieses geendet ist,
sich mit dem Ernste eines wahren Jüngers der Wissenschaft dem
speziellen Fachstudium zuwenden. Unsere Universitäten setzen
junge Gelehrte voraus, welche sich in ihrer Wissen=
schaft gründlich ausbilden wollen, und für solche bieten
sie in der That die schönste und anerkennenswertheste Gelegenheit
und sichern die höchsten Erfolge zu. Aber wie viele sind denn un=
ter der Masse der Studierenden, welche diesen ausgesprochenen
Beruf zum Gelehrten und die Fähigkeiten dazu in sich tragen,
und wenn sie jenen Beruf selbst verspürten, und diese Anlagen
besäßen — Muth oder Lust haben, sich ihm gänzlich zu weihen?
Ist es nicht die notorische Thatsache, daß nicht bloß die Mehrzahl,
sondern fast Alle derselben — mit wenigen Ausnahmen, wie es
auch in der That nicht anders sein kann — die Universitätszeit
im besten Falle für eine freundliche vielfach anregende Wanderzeit
ansehen, auf welcher man sich eben nothdürftig soviel Wissenschaft
erwerben muß, als hinreicht, um nach bestandenem Examen mit
Ehren in die Heimath zurückkehren zu können? Und ist — fragen
wir ferner, irgend Einem, welcher im gleichen Falle war — Jurist,
Mediziner oder Theolog — die fast unausfüllbare Kluft unbekannt,
welche zwischen den theoretischen dürftigen Universitätsstudien und
den Anforderungen des practischen Berufes besteht, in welche nicht
selten der ganze Ballast der hastig zusammengerafften Stücke Wis=
senschaft hineingeworfen wird, um unter dem „goldenen Baume des
Lebens" und der Praxis ein behagliches Auskommen zu genießen.

5

Sind nicht alle Juristen, Verwaltungsbeamten, Mediziner und Ar=
chitekten, welche im practischen Dienste stehen, mit uns einverstanden,
wenn wir darauf hinweisen, wie nothwendig es sei, die Candidaten
des öffentlichen Dienstes mehr zu schulen, sie practischer selbst
mit dem theoretischen Theile ihrer Wissenschaft bekannt zu machen;
und die eigentliche höhere wissenschaftliche Heranbildung
zum Gelehrten vom Fach auf den Universitäten jenen talent=
vollen jungen Männern zu überlassen, welche wirklichen Beruf dazu
haben. *)

Sollte aber auch — was wir übrigens kaum glauben — diese
unsere Ansicht Gegner finden, welche sich von den wesentlichen Mängeln
der jetzigen Universitätsstudien nicht zu überzeugen vermöchten:
so ist doch jedenfalls diese Auffassung der höhern Studien eine solche,
welche eine eingehende Erwägung verdient. Derjenige aber, welcher
nach den gewonnenen Erfahrungen in dieser Sache verfährt, sollte,
wenn auch nicht des unbedingten Beifalls, doch wenigstens des ruhigen
Gewährenlassens von Seite der Gegner sich versichert halten können.
Man warte doch wenigstens die Resultate einer solchen
Erziehungsprobe ab? So glänzend und so überaus beruhigend
erscheinen die Erfolge der jetzt bestehenden bayerischen Studienpläne
gar nicht, daß man auf dieselben zu pochen im Stande wäre, und
eine Erziehungs= und Bildungsweise, welche sich an andere Grund=
sätze und Erfahrungen anlehnt, mit absprechender Geringschätzung
alsbald verurtheilen dürfte.

Der Hochwürdigste Herr Bischof in Speyer beabsichtigt aber
in dieser Beziehung nichts, als nach der Weisung des Tridentiner
Concils an seinem Seminare ein vollständiges theologisches
Studium zu errichten, an welchem der künftige Diözesanklerus
seine ausreichende gründliche Bildung erhalten soll. Von den Haupt=
fächern, welche an Universität gelehrt werden, sollte und konnte auch
an dieser Anstalt keines fehlen. Von welchen Grundsätzen dabei
ausgegangen wurde, beweist der Umstand, daß auf der einen Seite
auf eine tüchtige dogmatische Bildung, welche Hand in Hand gehen

*) Am Auffallendsten ist das Unzureichende der Universitätsbildung für
den practischen Lehrerstand an den Studienanstalten. Man bildet tüchtige
Philologen. Aber ist schon jeder Muret ein Pädagog? —

sollte mit gründlichen exegetischen Studien, alles Gewicht gelegt war. Auf der andern Seite waren neben der Kirchengeschichte auch Vorlesungen über die Geschichte der Philosophie in den Lehrplan aufgenommen, und dabei in Aussicht gestellt, die hauptsächlichsten andern philosophischen Disciplinen ebenfalls zu berücksichtigen, sobald die Anstalt einmal völlig organisirt sein werde. Mit ihrer Gründung sollte aber — wie wir bereits bemerkt — keineswegs ausgeschlossen sein, daß die Befähigteren unter den Zöglingen, soferne sich ihr Beruf außer Zweifel gestellt, zu weitern wissenschaftlichen Studien und zur Erlangung des Doctorates auf die Universitäten gesendet würden. Es war vielmehr als Grundsatz aufgestellt, daß diese weitere wissenschaftliche Ausbildung so viel als möglich gefördert werden müsse, da sie ja im eigenen Interesse der Kirche liegt. Dieß sollte aber, und gewiß mit Recht, in solcher Weise geschehen, daß diese Alumnen zuvor das theologische Studium an der Anstalt zu Speyer zu vollenden und die Priesterweihe zu empfangen hätten. Für die Uebrigen sollte am Seminar jene gründliche theologische Bildung erzielt werden, welche einerseits den wissenschaftlichen Anforderungen der Gegenwart entspricht, anderseits die also gebildeten Geistlichen vollkommen befähigt, mit Segen in ihrem priesterlichen Amte zu wirken. Daß dabei auf die religiöse Seite der Bildung der entsprechende Nachdruck zu legen gewesen, wird Jedermann einleuchten, welcher ein Urtheil hat über die Bedeutung des katholischen Priesterthums.

Niemand, welcher mit dem theologischen Studium überhaupt und mit der Bildung und Erziehung des katholischen Geistlichen insbesondere vertraut ist, wird verkennen, daß dieser Schulplan eines Bischofs jedenfalls ein solcher war, welcher sich jenen des Staates an die Seite setzen läßt. Berechtigte Stimmen sprachen sich sogar dahin aus, daß der Erfolg einer solchen Anstalt, auch lediglich in Beziehung auf gründliche wissenschaftliche Bildung der Zöglinge, sicherlich ein erfreulicherer werden würde, als vielfach die Bildungsresultate sind, welche bei so manchen Aufnahmsprüfungen in diesem Fache zum Vorschein kommen.

Endlich steht unserm Hochwürdigsten Herrn Bischof noch ein anderer Beweggrund zur Seite, welchen selbst die Staatsregierung vollständig anerkennen mußte.*) Es ist dies die traurige Thatsache, daß die Münchener Hochschule den jungen Pfälzern wegen der tückischen klimatischen Verhältnisse unserer Residenz einen sehr gefährlichen Aufenthalt bietet. Es ist wirklich sehr auffallend und höchst beklagenswerth, wie viele junge Studierende vom Rhein zu München vom Tode hingerafft werden, wie viele ein langes Siechthum mit in die Heimath bringen. Die schmerzlichen Fälle sind seit Jahren so zahlreich, daß es fast zu verwundern ist, wie es noch immer Familien in der bayerischen Pfalz geben kann, welche ihre Söhne einer solchen naheliegenden Gefahr preisgeben; da ausgemacht scheint, daß wer die milde Luft der Pfalz in der Jugend geathmet, die rauhere Atmosphäre der nördlichen Alpenhänge schwer verträgt. Sicherlich aber erfüllt ein Bischof seine Hirtenpflicht, wenn er bei den ohnehin nicht vollzähligen Reihen seines Clerus wenigstens jene Gefahr abwenden will, die ebenso spärlich nachwachsende Schaar der Studierenden noch mehr gelichtet zu sehen.

Wir sind zum Ende der uns gesteckten Aufgabe gelangt, welcher wir uns in keiner andern Absicht unterzogen haben, als um dem besten Rechte zu dienen und Mißverständnisse zu beseitigen, welche nirgends empfindlicher sind, als in solchen großen Fragen, wie diese hier. Wir haben die einfachen Thatsachen sprechen lassen, welche am 26. November 1864 mit der polizeilichen Schließung des theologischen Studiums am Speyerer Klerikalseminar, und mit der Ausweisung der Zöglinge schlossen. Wir haben dargethan, daß die Kirche **nimmermehr** auf die ihr von Gott selbst übertragene Mission zu lehren, und namentlich jene zu lehren, die in ihrer Vollmacht bereinst lehren sollen, verzichten kann. Wir haben gezeigt, daß diese Lehrfreiheit der Kirche im Königreiche Bayern ein sicheres, staatsgrundgesetzliches Fundament habe im Concordat,

---

*) Wir sehen dabei ganz ab von der Frage des Kostenpunktes, obschon sie für arme Studenten bedeutend in die Wagschale fällt, und allein schon hinreichte, um das Unternehmen des hochw. Herrn Bischofs zu rechtfertigen. Der talentvollen Armuth den Weg zu den Schätzen der Wissenschaft zu bahnen war stets eines der erhabensten Werke der Barmherzigkeit, welches die Kirche übte.

zu dessen Vollzug die Krone Bayerns der Kirche ver=
pflichtet bleibt, wenn es überhaupt noch ein Recht auf
Erben gibt. Wir haben endlich angedeutet, daß unserm Hochwür=
digsten Herrn Bischof, was das Zeitgemäße und das Zweckgemäße
seines Unternehmens betrifft, vollwichtige Gründe genug zur Seite
stehen. Nichts lag uns dabei ferner als Zwietracht zu erregen und
Streit hervorzurufen. Was wir wollen, ist Wahrheit und Recht!
Sind wir uns doch bei der Fülle der Rechtsgründe, wie sie in jeder
guten Sache sich finden, oft vorgekommen nicht wie Kämpfende,
mit welchen man ehrlich und großmüthig Wind und Licht theilt,
sondern — wir wiederholen es — wie Bettler, deren Ohnmacht
man wohlerworbene zweitausendjährige Rechte vorenthält;
nicht wie vollberechtigte Mitglieder einer im Staate recipirten Re=
ligion, sondern wie die verachtete Kaste der Parias, an welchen
der Brahmine im Schurzfell mit höhnisch gezogenem Mundwinkel
vorüber geht; nicht als Kinder jener großen heiligen Mutter, welche
das Menschengeschlecht seit achtzehn hundert Jahren erzogen hat,
und seit Jahrhunderten schon im unvordenklichen Besitze aller ihrer
Rechte und Güter war, als sich das junge Königreich Bayern erst
bildete, und ihr gegenüber trat: sondern wie Genossen irgend eines
unbekannten, verdächtigen, staatsgefährlichen Unternehmens, welches
zum Gegenstande polizeilicher Gewaltentfaltung wird. Ja wir bitten
um unser Recht, wir Katholiken betteln um unser unveräu=
ßerliches Recht. Wir betteln darum, weil wir ohne dasselbe
ja nicht bestehen können, wir betteln darum für uns und unsere
Kinder; wir betteln darum für die Kirche, aber nicht minder für
das Vaterland. Wehe ihm, wenn es sich von der Kirche wendet!
Zu spät vielleicht wird man es einsehen, daß man sich, von ihr ge=
trennt, vom wahren Lichte, von der ächten Freiheit, von dem einzig
ausreichenden Fundamente der Volkswohlfahrt abgewendet hat!

Die Säcularisation war ein Heil für die Kirche und wir danken
Gott demüthig dafür. Aber nichts desto weniger war sie ein schweres
Unrecht, welches an der beraubten Kirche vollbracht wurde. Das
Concordat sollte das Unrecht wieder gut machen, den frevelhaften
Bruch des Gottesfriedens wieder sühnen. So lange es aber nicht
erfüllt wird, ist der Friedensbruch nicht gesühnt, ist dem Kirchen=
raube nicht genug gethan, ist das vierte und das siebente

Gebot an der Kirche nicht erfüllt. Das aber sind unheilvolle Zustände, die dem Staate kein Glück bringen können.

Uebrigens hoffen wir, daß man, so wie man von allen Seiten her über die so wohl begründeten Ansprüche der Kirche und das Verfahren unsers Hochwürdigsten Herrn Bischofs allzu rasch den Stab gebrochen, so auch bei ruhiger Erwägung der Sachlage und Rechtsgründe der Kirche und ihren Forderungen allmälig gerechter werde. Giebt sich doch schon jetzt ein merkwürdiger Um= schlag der öffentlichen Meinung kund trotz allen Decla= mationen und Verläumbungen einer Presse, welche jedes Gefühl für das heilige Recht eines Andern verloren zu haben scheint. Ge= spannt sehen wir aber vor Allem dem Ausspruche des heiligen Vaters entgegen. Den Katholiken wird die Entscheidung des Nach= folgers Petri eine neue Stütze gewähren, am uralten Rechte fest= zuhalten; dem Staate wird sie Gelegenheit geben, Grundsätze in Be= ziehung auf die Kirche aufzugeben, welche auf die Länge offenbar nicht haltbar sind, eine Bahn zu verlassen, welche völlig in die Irre führt. „Das Concordat und nichts als das Con= cordat" — schrieb ein edler Bischof Bayerns unter die Freisinger Denkschrift. Das Concordat, das ganze Concordat und nichts als das Concordat ist noch immer das Begehren der Katholiken Bayerns. Möchte dieß wohlbegründete Begehren endlich gewürdigt werden! Möchte sich die Einsicht überall Bahn brechen, daß es nichts anders heißt, als jegliches Recht umstürzen, wenn man das Recht nicht heilig hält, welches Staat und Kirche in Bayern im Concordate aufgerichtet haben.